如何说客户才会听，怎样做客户才会买

RU HE SHUO KE HU CAI HUI TING

ZEN YANG ZUO KE HU CAI HUI MAI

篱落◎主编

黑龙江科学技术出版社

HEILONGJIANG SCIENCE AND TECHNOLOGY PRESS

U0608602

图书在版编目（ＣＩＰ）数据

如何说客户才会听，怎样做客户才会买 / 篱落主编. -- 哈尔滨：黑龙江科学技术出版社，2019.7
ISBN 978-7-5719-0237-7

Ⅰ.①如… Ⅱ.①篱… Ⅲ.①销售－方法 Ⅳ.①F713.3

中国版本图书馆CIP数据核字(2019)第143229号

如何说客户才会听，怎样做客户才会买
RUHE SHUO KEHU CAI HUI TING，ZENYANG ZUO KEHU CAI HUI MAI
篱　落　主编

项目总监　　薛方闻
策划编辑　　沈福威
责任编辑　　刘　杨
封面设计　　吕佳奇
出　　版　　黑龙江科学技术出版社
　　　　　　地址：哈尔滨市南岗区公安街70-2号　邮编：150007
　　　　　　电话：（0451）53642106　传真：（0451）53642143
　　　　　　网址：www.lkcbs.cn
发　　行　　全国新华书店
印　　刷　　北京铭传印刷有限公司
开　　本　　880 mm×1230 mm　1/32
印　　张　　6
字　　数　　150千字
版　　次　　2019年7月第1版
印　　次　　2019年7月第1次印刷
书　　号　　978-7-5719-0237-7
定　　价　　36.80元

前 言
PREFACE

销售是什么？销售并不只是把产品和服务售卖给客户那么简单，销售是一门科学，是挑战与机遇并存的事业。俗话说，商场如战场。随着经济的不断发展、物质生活的不断丰富，想要在这场没有硝烟的战争中搞定客户，更需要科学的方法指导和正确的营销手段。

如今销售工作越来越难做，在数以千万计的销售队伍中，个中翘楚实在是凤毛麟角，再加上客户的选择逐渐变多，如果你的销售语言不够吸引人，你的销售技巧不能打动客户，那么你的销售只能是白费力气。绝大多数的销售员还是在努力奔波，为每一个订单而奋斗。而决定这一切的，归根结底是销售口才和销售方法。

所谓"买卖不成话不到，话语一到卖三俏"。销售员只有具备了一流的口才，才能吸引客户的注意力，激起客户的购买欲望，从而打开销售工作的局面。同时，作为一名优秀的销售员还需要利用周围的环境，利用自己的各种资源，不断创造、实践各种行之有效的策略、方法，来完善自己的销售技巧和提升自己的销售功力。

本书列举了大量销售的实例，通过理论与案例相结合的方式，对沟通技巧和销售技术进行了详细的阐述，为每一位职业销售员以及即将从事销售工作的朋友提供了切实可行的具体方法，旨在帮助他们成为一名优秀的销售员，在未来的销售道路上成就一番辉煌的事业。

编者

目　录
CONTENTS

|第三章|
谨言慎行，勿因小事失大单　　　**081**

|第四章|
循循善诱，牵着客户走　　　**109**

|第五章|
讨价还价，贵要有贵的道理　　　　　135

|第六章|
一锤定音，帮客户下定决心　　　　　157

第一章

销售自己，
先让客户对你感兴趣

拜访客户，就是老友见面

拜访客户是营销活动中很重要的一个环节。只有在拜访客户的过程中获得客户的认可，才能有下一步推销的可能。因此，营销人员要高度重视客户拜访工作。但现实的拜访工作中，很多销售员都有这样的感慨：为什么无论我怎么努力，都消除不了客户的抵触情绪呢？其实，面对推销员的拜访，多数客户都知道你的最终目的是推销，所以会心存抵触。而此时，如果你的拜访显得过于直接和突兀，则会加重客户的这种心理；相反，如果能在拜访时把话说得自然得体，则能有效拉近与客户间的距离。

某天，推销员陈某来到某小区，准备向他事先了解过的某个准客户推销吸尘器。他敲开了客户的家门，开门的是一位温婉的女士。

销售员："太太，您好，我是××公司的销售代表陈××，是这样的，我周一已经和您先生预约过了……"

客户："我们现在不需要。"

销售员："看得出您很忙，有您这样的人持家，您的家人一定十分幸福！"

客户："哦，谢谢！今天我丈夫不在家。"

销售员："我听说了，我知道您先生是一位事业成功、在业界有影响力的优秀人士。那句话说得没错，每一个成功的男人背后都有一个伟大的女人。"

客户："呵呵，哪里。我听我丈夫说过购买吸尘器的事儿，我们对你的产品还是挺感兴趣的，这样，你先等一会儿吧，他马上就要回来了。"

销售员："好，谢谢……"

案例中，销售员陈某在拜访客户时，尽管得到了客户的预约，但还是遭到了客户妻子的习惯性拒绝，因为他在拜访之初就直接道明了自己的目的，不免显得过于唐突。但值得庆幸的是，在接下来的谈话中，他保持了良好的态度和自然的语气，并对客户说了一些"打动客户"的话，从而赢得了客户的信任，破解了尴尬的局面。

可见，在销售中，销售员不要以为自己的用语合乎逻辑就可以让推销工作顺利开展了，真正打动人的是自然贴切并带有情感的话。成功的销售员都会极其注意自己的销售语言，因此，他们即使拜访陌生的客户，也能做到自然得体、顺理成章。

那么，在拜访客户的过程中，我们该如何表现自己自然的说话态度呢？

（1）在拜访前首先设定一个目标，对客户进行分析。

这一点，需要销售员在正式拜访客户前了解，比如，通过电话沟通。前期与对方的电话沟通并不仅仅是为了联络销售，更是为了了解对方，建立一个鲜活的客户形象，所谓"知己知彼，百战不殆"。你了解客户越多，成功得到订单的机会就越大。因此，你需要了解对方，知道对方的一些习惯、可接受的语气、喜欢的表达方式、着重用词部分等。

（2）交谈中要善于营造气氛。

营销的最终目的就是实现销售，以便满足客户的需求。但在与客户的交谈中，你还要学会营造融洽的会谈气氛。沟通才能创造价值，只有让客户愿意与你沟通，才有可能达成销售目的。

对此，销售员要主动问候客户，想办法拉近与客户的距离。这里最关键的就是客户的情绪问题，我们要有针对性地对客户的情绪进行引导、强化。也就是说，要想办法把与客户的关系转化为朋友关系，这将更利于我们对客户的情绪做出正确引导。同时，我们与客户的关系也得到了强化。

（3）谈客户感兴趣的话题，来突破双方的不协调。

谈话要以客户为中心展开，切忌长篇大论、喋喋不休。时刻关注客户的语言、表情反馈，并寻找新的话题，提高整个拜访的质量，形成完整的拜访过程。其包括以下几个方面：准备好恰当的适用对方的开场白；找到对方喜欢的交流方式；寻找对方擅长的话题，提高参与度；引出对方亟待解决的问题和疑惑；用赞同和评论式的语言总结谈话内容。

（4）拜访中的交谈须做到：坦诚、微笑、自然、不卑不亢。

其实，在日常生活中与人沟通，做到这几点并不难，但面对客户时，可能很难做到，因为我们有所求。

因此，在与客户沟通前必须调整好自己的心态，不要给自己施加压力，不妨这样告诉自己：拜访客户只是为了建立与客户之间的信任，给客户留下良好的印象，并不一定要在第一次约访的时候就达到销售目的。如此一想，我们自然就轻松了许多。这样，我们在与客户交谈时就能做到如下几点：

①坦诚：坦诚是与客户建立信任的第一步。拜访客户的过程中，如果我们所说之话并不属实，虽然能暂时蒙混过关，但一旦被客户知晓，将会直接失去客户，且没有挽回的余地。这里的坦诚有几个方面，包括做人的诚信、如实地介绍产品情况、不掩盖产品的某些缺点。

②微笑：俗话说，伸手不打笑脸人。充满善意和友好的微笑最能拉近人与人之间的距离。而且，对任何一个销售员来说，淡淡的微笑是专业素质和个人素养的最好体现。

③自然：我们都希望客户能对我们的产品满意，有购买的需求，希望从客户的腰包里顺利掏出支付货款的现金。但正是因为有这种想法，会让我们显得很不自然。而如果我们能淡化这种想法，把客户当作朋友来沟通，那么，交谈的时候必然会

自然得多。

　　④不卑不亢：拜访的过程中，一些销售员因害怕得罪客户，而让自己的位置显得卑微。其实，根本不需要这样，订单不是靠这样的方式得到的，也不可能这样取得。只有做到交谈时不卑不亢，并敢于说"不"，才能真正得到客户的尊重。

真诚热切，态度决定一切

每个销售员都希望自己拥有一副好口才。口才好，可能会为你缩短销售的时间，但这并不是成功最关键的部分。销售过程中，口才固然重要，但诚恳的态度是你和客户沟通的基础。

与客户沟通，贵在一个"诚"字。只有诚心诚意，才能打动客户，使他们愉快地与你合作。开场白也是如此。要想与客户真心诚意地沟通，必须以诚相待。在销售的过程中，销售员应该主动向客户介绍自己的情况及表明意图。你只有首先表现出诚意，才能引导客户采用同样的态度。

萧晨在大学期间学习的是土木工程，毕业后，他在某事业单位按部就班地工作了六年，但后来他萌生了自己出去闯闯的想法。于是，他放弃了稳定的工作，从销售开始做起。毕业第十年，也就是他从事销售第四个年头的时候，大学同学聚会上，大家听说萧晨从事了销售行业并做了经理，都觉得不可思议，因为，从大学期间直到后来工作，萧晨都是一个很木讷、不善说话的人。那么，是什么让木讷的萧晨获得了今天的成就呢？

萧晨的回答是"坦诚"。他这样陈述自己的经历："我刚转行的时候，完全是从头开始，并且面临很大的挑战，加上原本就比较内向，不怎么能说会道，不过我坚信可以通过其他方面弥补自己的不足。你们知道吗？万事开头难，做销售也是如此，要想说服那些客户，我们首先就要准备一个能打动客户的开场。据我所知，很多前辈经常花样百出地开场，却并未得到客户的认可，因此我就想，与其挖空心思，还不如开诚布公地开场。于是，我用心收集客户和产品的各种信息，整理所有潜在客户的资料，认真去打每一个电话。与客户沟通的时候，我也不会拐弯抹角地说话……"

一个不善言辞的人要成为一名销售高手，真诚是取得机会的第一步。案例中，木讷的萧晨之所以能成为一名优秀的销售经理，就是因为他凭着自己以诚待人、认真做事的态度，取得了很多客户的信任和支持。正如他所说，"与其挖空心思，还不如开诚布公地开场"。很明显，他的这种开场方式是有效的。

的确，作为销售员，我们要想顺利接近客户，让客户接受我们，愿意与我们沟通，首先就要讲好开场白。但要说好开场的简单的一句话也并非易事，这其中，我们要营造良好的谈话氛围，还要在言语间察言观色，洞察客户的内心世界，进而让推销活动有的放矢。而专业销售员总会准备好适宜的开场白，以收到良好的效果。他们通常采用的方法就是开诚布公地开场，因为这样能有效地消除客户的戒备心，获取客户的信任。那么，我们该如何以真诚的开场白打动客户呢？

（1）诚挚友好，建立和谐的洽谈气氛。

任何沟通都只有在和谐的气氛中才可能开诚布公地进行，在销售中也是如此。为此，我们在与客户沟通时，要建立和谐的洽谈气氛，这能为正式洽谈铺平道路。

为建立和谐的洽谈气氛，销售员要做到以下几点：

①注重仪表。

良好的仪表不仅是对客户的尊重，也是专业素质的体现。

②选择合适的开场话题。

开场可选的话题很广泛，可以是轻松的、风趣的、非业务性的，如天气、身体、股票行情等；也可以是客户最关心的问题，如其孩子、父母的身体状况，甚至可以介绍自己有趣的经历等。

这些话题都可使双方迅速找到共同语言，让交谈继续下去，为更深入地沟通做好准备。但注意不宜过长，以免浪费时间或使客户反感，应尽快引入正题。

（2）自然适时，切入销售正题。

当我们与客户间建立了和谐的洽谈关系时，就该开诚布公地进入正题了。而在转入正题时，我们要努力做到以下几方面：

①适时。

虽说开场白应开诚布公，但不合时机地切入正题则会适得其反，甚至让客户产生反感的情绪。如果入题太早，会显得突兀，客户对你所推销的产品自然也不会产生好感；如果入题太晚，开场白时间太长，会使客户不耐烦，并对你的推销失去兴趣。

那么，什么是合适的入题时机呢？一般在对方对你产生好感，愿意与你交谈时入题最好。

②自然。

即自然地将闲题拉入正题。我们可以就当下的交谈环境适时切入，比如，天气炎热，你可以说："今天的天气真热，如果在您的办公室里安上空调，你就可以安然度过一个清凉的夏天。"这种得体自然的入题容易引起客户的购买兴趣。

③轻松。

入题的话应使客户感到轻松愉快、无拘无束，不会无形中使客户产生成交压迫感，怀疑销售员是"硬要我买下他的产品"。

另外，当我们切入正题后，有些客户可能会认真倾听，然后客气地婉言拒绝；有的客户听完说明后，会欣然同意购买。对即将出现的情况，销售员应冷静对待，只有沉着冷静，才能表现出自己真诚的态度，才能竭尽全力争取最好的结果。

引发好奇，让客户乐于沟通

生活中，人们都有好奇心，对自己不熟悉、不了解、不知道或与众不同的东西，人们往往会格外注意，尤其是对那些自己已经产生兴趣的事物，更是想一探究竟。所以，我们在与客户沟通的过程中，不妨利用他们的这一心理，话到嘴边留半句，客户的胃口被吊起来后，自然会追问下去。这是一种巧妙的推销方法，也是一种打动客户的技巧和艺术。与客户交谈之初，可以暂时不提推销之事，先设置一个悬念，激发客户的好奇心，然后在一个恰当的时机让他的好奇心得以满足。如此一来，你的业绩就水涨船高了。

好奇是人类的天性，在销售行为中，销售员利用这一特点，便可以快速地引起客户的注意。当人们面对自己不了解的、不熟悉的事物时，本能地会给予特别关注。当销售员成功制造出悬念时，那么好奇心将会使客户不停地寻求解答，更加投入地聆听销售员的表达，从而达到吸引客户的目的。

美国曾有一位杰出的销售员，他就以擅长制造悬念出名，被大家叫作"花招先生"。当他拜访客户时，他会拿出三个沙漏计时器，然后告诉客户："请您给我三分钟，当最后一个沙漏中的最后一粒沙子落下，不论您是否想继续，我都会停止我的谈话，所以您不用担心我会废话连篇、滔滔不绝。"

这三个沙漏只是他无数花招中的一个，他还会用陀螺、闹钟、烤面包机和其他各式各样的小东西来吸引客户的注意，使他们兴致勃勃、老老实实地坐在椅子上听他把话说完。

在客户听完他精心准备的说辞后，都被他幽默的语言、滑稽的动作吸引，无一例外地都会继续与他的谈话，然后他便顺水推舟地介绍起产品，而最后的结果，往往是客户欣然购买。

兰博是一家厨具公司的销售员，在一次上门推销的时候，被客户无情地拒之门外，原因是客户觉得他推销的厨具售价过高，远远超出自己的承受范围。

被拒绝的兰博没有轻言放弃，第二天，他又一次来到这位客户家中。这一次，客户一打开门，兰博就一言不发地掏出一张一元的纸钞，当着客户的面把它撕得粉碎，然后问道："您心疼吗？"

客户虽然有些惊讶，但想了一下便回答道："我为什么要心疼，你撕的是你的钱，跟我又没有关系，你乐意的话可以随便撕。"说完就要关门，兰博大声说道："不，您错了，我撕的可不是我的钱，而是您的钱。"

听到这话，客户非常诧异，连忙问道："为什么这么说呢？

这明明是你的钱啊，怎么会是我的呢？"

兰博不紧不慢地说道："我带来的这款炒锅的锅底采用最新研发的超强导热材料，能够高效地传导燃气的热量，不仅加热速度快、导热均匀，并且储热性能更是一流，可以最大限度地节约您的燃气消耗。同时，它具有上下分层的锅体结构，可以炒，可以煮，可以蒸，一锅多用，有了它，您便无须再单独购买其他锅具。所以，假如您不购买这款可以为您省钱的锅，那不就等于在撕自己的钱吗？"

客户听完兰博的话，觉得十分在理，于是痛快地购买了两套，并且表示一套自己使用，另一套则给自己的母亲送过去。

从这个小故事中我们可以看出，通过制造悬念引发客户的兴趣，是一种行之有效的开场手段。利用这种方法，使客户产生探究问题答案的意愿，然后将其引入介绍产品的情境，从而可以达到使客户购买产品的目的。

一位电器销售员得到公司的指示，要求他与本地大型商场洽谈，将产品引进售卖。但是无论他如何努力，商场主管却犹如铁板一块，始终不愿与他合作。经过走访调查，这位销售员得到一个消息，原来该商场的电器专场已经由其他公司垄断，而且商场主管对他们的产品十分满意，认为没有必要再售卖其他公司的产品。

在得知此消息后，该销售员想了一个办法。他又去拜访商场主管，在他的办公室外耐心等待，主管刚一上班，他就直截了当地告诉主管："我这次来并不是要谈合作，只是我有一个经营上的问题想请教一下您，只需要10分钟就够了。"

他的话引起了主管的好奇心，于是主管便请他一起到办公室详谈。

当他们走进办公室后，销售员马上拿出了一款由他们公司研制的新型剃须刀，并请主管为该产品定一个合适的价格。销售员针对该产品，向主管做了翔实精细的解说。主管听得聚精会神，连连点头示意。听完销售员的介绍，他又拿起剃须刀仔细检查观摩，然后做出了中肯的回答。

销售员看了看时间，10分钟马上到了，于是他便谢过主管，收拾自己的东西准备离开。这时，主管连忙挽留他，希望他能再展示一些其他的产品。销售员心里暗自高兴，自己的目的终于达到了！

从该事例中可以看出，如果你能激起客户的好奇心，那么你就有很大的机会可以展示自我、建立关系，从而了解到客户更深层次的需求，只要你能提供合情合理的解决方案，那么获得订单只不过是时间问题。

要想成功激起客户的好奇心，有以下几个技巧：

（1）引起他人好奇心的方式有很多种，最简单的便是制造悬疑，当你说出"你猜猜当时发生了什么""你猜怎么着"等类似的话之后，几乎每一个听到的人都会自然而然地停下来听你继续说下去。

（2）发问也是一个激起他人好奇心的好办法，当人们听到别人提出的问题后，都会思考他为什么这么问或为什么这么说。当你说"我可以问你个问题吗"，你所询问的对象通常都会说"好的"，并且他们还会不由自主地琢磨你会问些什么，因为好奇是人类的天性。

（3）销售员经常会花费大量时间，一遍又一遍地陈述自己的产品会给客户带来哪些收益，然而实际效果并不好，就算你说破天，客户也仍旧岿然不动，在这个时候，我们便可以反其道而行之。比如，告诉客户："经过与你的交谈，我发现贵公司在经营上有着严重的问题，但我相信我有办法可以解决。"假如有人告诉你，你面临一个十分严峻的问题，你会不会好奇呢？

（4）人们对新事物总是有着天然的好奇心，人们永远想先人一步一睹为快，所以我们可以利用这一点来引起客户的好奇心。例如，销售员说："刘先生，我们公司即将推出几款市面上还没有的新产品，将对整个电子商务市场产生巨大的影响，或许您会用得上，您愿意了解一下吗？"

所有有过成功经验的销售员都知道，在销售过程中，起决定性作用的并不是理性，而是感性。当客户对你产生好感、对你所代表的公司产生好感、对你所销售的产品产生好感时，那么你销售成功的概率将会大大提升。

人们在消费时，很多时候都是受好奇心的驱使，才会决定购买，而好奇心则是人类普遍存在的一种现象，只要抓住这一点，便可快速地与客户建立联系。制造悬念主要是为了引起客户的好奇心、提高客户的注意力，并让客户有探究问题答案的强烈愿望，当销售员将客户的好奇心转向产品的性能时，就达到了宣传和推销的目的。因此，制造悬念是销售员应该具备的能力和掌握的技巧。制造悬念除了要具备广博的知识，还要善于揣摩客户的好奇心理，进行仔细的编排，这其实是一门巧妙的艺术，需要花费力气，下一番苦功。

亲切自然，做一见如故的朋友

在那些受大家欢迎的人身上，最让人不容忽视的魅力就在于他的热情。一个人的热情程度，将影响我们是否会喜欢他、接受他、亲近他。你的热情会感染他人的情绪，带来美丽心情，让所有人感到愉快和兴奋。尤其对于你的客户来说，热情的话语是种潜在的力量，它会在无形之中转变客户的态度，激发客户的购买欲望，满足客户的实际需求，达成共赢的销售目标。

两位素不相识的旅客因为飞机延误而互相攀谈起来。

"听您的口音是西北人吧？"

"对啊！我是甘肃兰州人，您是哪里人啊？"

"我是山东寿光人，在兰州上的大学，所以一听您说话就听出来了。"

"是吗？！我在寿光上的学！我老婆就是寿光人！"

"哎哟，那真是有缘啊！算半个老乡了啊！"

话说到这儿，两个人都热情高涨。从山东聊到甘肃，从上学聊到工作，越聊越投机，不知道的人还以为他们本就相识。

接着两人互换了名片，留了联系方式，甚至一起去蒸了桑拿，临睡觉前双方居然还从对方那里订了一批货物：山东人订了甘肃人一批枸杞、百合等土特产，甘肃人订了山东人一批新鲜的时令蔬菜。

这笔生意的成交完全在于他们找到了"家乡"这一共同话题，使得双方都有一见如故的感觉。在不知不觉中，他们拉近了彼此的距离，愿意与对方进行深入的交流。接下来的生意不过是水到渠成，甚至只是一份友谊的附加产品，双方不仅收获了订单，更收获了友谊。

所以，一见如故是与客户谈生意前的理想状态。

如何营造与客户之间一见如故的感觉，总结起来有以下几点：

（1）在会面之前做好充足的准备工作，了解客户的背景、经历、人际关系。

（2）找准客户的兴趣点、个人爱好并详细了解、学习。

（3）锻炼出敏锐的观察力，从客户的言行举止、吃穿用度等方面寻找出共同话题。

做到这几点，无论是与怎样的客户会面，也能迅速营造出一见如故的氛围，只要拉近了双方的距离，成功率便大大提高。

小赵是一家净水设备公司的销售经理，有一次她去拜访一位客户。

"您好，我是某某净水设备公司的销售经理小赵，近期我们公司新研制了一款新型的净水设备……"

还没等她把话说完，客户便打断了她，并且表示不需要，请她不要再来打扰。试想一下，面对如此千篇一律的开场，客户怎么可能不厌烦？

小赵回到公司，根据已有的客户资料，经过查询搜索，得知这位客户很喜欢手工雕刻，并且还对外出售自己的作品，于是聪明的小赵便想到了另一种方法。

"您好，真不好意思，我又来打扰您了……"

不出所料，客户又下了逐客令。

小赵连忙解释："这次我来并不是向您推销产品，我听说您是雕刻艺术家，我的父亲平常也喜欢自己雕一些小东西，我是来买几件您的大作回去送给他，顺便向您讨教一些雕刻技巧。"

听到这些，客户的脸色一下就轻松了，露出了一丝得意的神情。接着，他便带小赵来到了工作室。看到房间里摆满了各式各样、琳琅满目的雕刻作品，小赵便发出了惊奇的感慨："您有这么多作品啊！太厉害了！这个好漂亮，是根雕吗？"

客户听到小赵的赞美，自然是非常高兴，并且根据小赵的需求，现场为她制作了一款精美的木器摆件，小赵如获至宝般小心翼翼地包了起来，并且表示要和父亲一起来拜他为师，学习雕刻。在求教了一下午的雕刻知识后，小赵便告辞离开了，临走前只是留下了一些精心准备的产品介绍，并没有再询问客户是否要购买。

两三天后，客户便打来电话，购买了好几台最贵的净水设备。

小赵在整个过程中，恰到好处地体现了自己的热情。虽然只是客套之语，但是客户听后感觉非常舒服，将客户陌生排斥的心理逐渐化解掉了，从而马上获得了客户的信任，拉近了彼此的距离。

在第一次的碰壁之后，小赵迅速调整方法，在第二次的时候成功地拉近了与客户的关系，促成了销售。

可以看出，销售员在与客户谈生意之前，主动营造一种一见如故的亲切氛围，将对销售行为大有益处。

以下有几种开场方式，对初次见面时营造一见如故的氛围有绝佳的效果。

（1）寻找共同人际关系。

对于素不相识的客户，只要你认真调查，都可以找到一些或近或远的关系交集。当你与客户初次见面时，能够提起这些关系，便可以迅速缩短双方的距离，让客户产生亲切感。

（2）发掘对方擅长领域。

尺有所短，寸有所长。每个人都有各自擅长或者不擅长的领域，一般不会有人爱听别人提起或者讨论自己不擅长的东西。如果你在与客户交谈时能够提到他的长处，并加以赞美，那么就可以使对方心情愉悦，与你交谈的积极性也会大大提高。

（3）表达双方相同感受。

根据对方的状态，主动表达自己也曾有过相同的感觉，也可以大大提高对方对你的认同感，成就被肯定、品质被赞扬、处境被同情，相同的情感经历会使对方将你引为知己。

可以说，热情洋溢的交谈可以帮助你打开客户的心门；但是，这种热情一定要拿捏好分寸和尺度。恰到好处的交谈能够让客户感受到亲切自然，而过度热情的交谈则会使客户感到虚伪厌烦。

销售者若想成功，就应当通过以上方法消除客户的戒心，使客户放下防备，从而实现销售目的。

抓住兴趣，与客户相见恨晚

大量销售经验告诉我们，人们总是愿意与那些和自己有共同爱好或者兴趣的人沟通，而讨厌与那些和自己的人生观、价值观完全背离的人沟通。因此，在与客户沟通之前，了解客户的厌恶与喜好也就显得至关重要，它在很大程度上是激发客户产生与销售员交谈欲望的前提。所以销售员在与客户见面时，可以先倾听，抓住客户的兴趣，再根据客户的兴趣进行重点沟通。

我们先来看下面这样一则故事：

医生、房地产商和艺术家一同拜访一位医生朋友，他们路过了一条繁华的街道。到达朋友家后，朋友的女儿请他们三人分别给她讲一则故事。他们的故事都涉及了那条繁华的街道。

艺术家说："在天空的映衬下，城市就像一个巨大的穹顶，暗红色的余晖泛着微光，真是一幅美丽的风景画。"

房地产商说："我在街上看到两个小男孩，他们在讨论怎样挣钱。一个小男孩说，他想摆一个冰激凌小摊，把地址选择在两条街道的交会处。这个男孩子真有商业眼光，以后可能会成为一名成功的商人。"

医生说："我在一个橱窗里看到了很多治疗消化不良的药，一些人正在挑选。他们可能更需要的是新鲜空气和睡眠，但我没有机会告诉他们。"

发现其中的不同了吗？这三个人发现了同一条街道上的不同事物。这说明，对同一个事物，不同的人会把注意力放在不同的地方。

在销售活动中同样如此，客户的注意力是有限的，而且有所选择。商品的属性并不是单一的，而客户在购买产品时可能只是看中了产品的某一属性而已。比如，对一款微型车而言，不同的客户购买理由是不同的：有的人是觉得便宜才购买；有的人是觉得车辆性能优越才购买；有的人是因为车的外形符合自己的喜好风格才购买；有的人是因为车子小巧，方便停车而购买。

产品的特色是相对的，对于这个客户是一种优点，对于另一个客户则可能是缺点。因此，销售员必须了解产品的哪种特色对客户的吸引力最大，在推介产品时有重点地向客户描述符合其需要的特色。

比如，客户如果注重产品外观，应针对产品的时尚外形和独特款式进行说明；客户如果注重产品价格，应针对产品的物美价廉或者物超所值来说明；客户如果注重产品质量，则应重点讲述产品的过硬质量。做到这些之后，客户才会坦然接受销售员的解说。所以，销售成功的第一步，就是要弄清楚客户想要些什么。

一个客户想要买房，房产经纪人在计算机上为他调出了一些符合客户对房屋的面积要求的房屋资料。

客户仔细观察了一下，然后惊讶地说："咦？这些房子怎么都是客厅很大、卧室很小？"

房产经纪人发现客户对卧室的面积有意见，问道："先生，您是喜欢大卧室、小客厅的？"

客户说："是啊，大卧室住起来比较舒服。"

房产经纪人问："请问您除了睡觉，在卧室里待的时间多吗？"

客户说："不多，我在家没事的时候就是看看电视、喝喝茶。"

房产经纪人说："嗯，就是这样。客厅是一个家庭的公共区域，平时家人在客厅待的时间比较多，加上平日里接待客人，都要用到客厅，所以客厅的面积自然要大一些才好；而卧室是一个用来睡觉的私密空间，面积不用太大。当然，如果要是能够做到大客厅、大卧室就更好了，但那样房屋的面积就增加了，房价就会高出不少，您说呢？"

客户点了点头，若有所悟地道："嗯，那倒也是。"

最后，客户在经过审慎的考虑之后，终于买下了大客厅、小卧室的户型。

总之，产品的卖点有很多，在销售过程中，与其对一个产品的所有特点进行复杂而烦琐的陈述，不如抓住客户最感兴趣、最关心之处进行推介，切忌面面俱到。产品的特色和卖点并非只有一个，而客户最关注的往往只有一个。在销售活动中，最好不要面面俱到，而是集中精力去攻破客户最为薄弱的点——最关心的点，展示出产品能够带给客户的价值，销售成功的可能性会高出很多。

陈浩是一名老年保健品推销员，有一天，他来到一个新建的小区，准备进行推销。在小区花园，他看到小区绿地的长椅上坐着一位孕妇和一位老妇人，他向小区保安打听道："那好像是一对母女吧？她们长得可真像。"小区保安回答："就是一对母女，女儿马上就要生了，母亲从老家来照顾她，父亲一个人在家里……"

之后，陈浩来到了老妇人和孕妇休息的地方，他亲切地提醒孕妇："不要在椅子上坐太久了，外面有点凉，你可能现在没什么感觉，以后会感觉不舒服的，等生下小孩以后就更要注意了。"然后他又转向那位老妇人："现在的年轻人不太讲究这些，有了您的提醒和照顾就好多了。"听到陈浩的话，老妇人好像一下子找到了知音："真难得你这样的年轻人还懂得这些，我都提醒我女儿很多次了，让她不要吃生冷的，不要碰冷水，她就是不注意……我曾经在医院妇产科担任护士，因为工作表现突出，还被医院嘉奖过呢……"在老妇人说这些的过程中，陈浩表现出极其认真倾听的姿态。

"是吗？太好了！那您肯定知道如何照顾孕妇和小孩了，我最近也在学习关于这方面的知识来照顾我爱人，这下子真是找到老师了。"陈浩及时回应老妇人的观点。

后来，他们的话题从怀孕和生产后的注意事项讲到生产后身体的恢复，再讲到老年人要增加营养，陈浩与这位老妇人聊得十分开心。接下来，那对母女已经开始看陈浩手中的产品资料和样品了……

保健品推销员陈浩之所以能让这位老妇人对自己的产品感兴趣，是因为他先掌握了老妇人关心孕妇的心理，然后从孕妇应该注意的事项谈起，打开了客户的话匣子，并注意积极倾听，在获得客户的认同后，推销产品也就容易多了。

一般情况下，销售员与客户刚开始接触时，客户是不会马上对产品产生兴趣的，因为他们还心存芥蒂；而如果能够在最短时间之内找到客户感兴趣的话题，然后再伺机引出自己的销售目的，那么就可以使整个销售沟通充满生机。也就是说，引起客户注意，善于倾听，找出客户的厌恶与喜好，激发客户兴趣，让客户感到满意，这是一个好的销售的开始。

那么具体来说，销售员应该如何从倾听中挖掘出客户的喜好与厌恶，进而找到与客户沟通的契机呢？

（1）仔细聆听。

聆听客户说话时是否专心，是决定此次谈话是否有效的前提条件。如果不想谈话仅限于寒暄，那么在与客户交流前应当在身体、心态、情绪上都做好充足准备。疲倦的身体、冷漠的心态和消极的情绪等，都会为后续的沟通制造障碍。

（2）让客户把话说完。

这是非常重要的一点，很多销售员对此并不重视。当你在客户还未讲完时就急于插话，将会对客户的热情和积极性造成不利的影响。尤其是当对方情绪不佳时，随意插话将会使情况更加恶化。所以，不要试图随意插话或者接话，更不要无视客户喜好，随意更换话题。

（3）从人们一般比较关心的话题入手。

对此，可以根据具体的谈话环境，认真倾听并巧妙地询问，然后进行观察与分析，得出客户关心的问题，继而引入共同话题。比如，销售员可以从客户的事业、家庭以及兴趣爱好等入手，以此活跃沟通气氛，增加客户对你的好感。

通常情况下，人们都对以下问题比较感兴趣：曾经获得过的荣誉、公司的业绩等；兴趣爱好，如某项体育运动、某种娱乐休闲方式等；家庭成员的情况，比如，孩子几岁了、学习状况、老人的身体状况等；某些焦点问题或者时事，比如，房价、车价、油价等；内心深处比较怀念或者难忘的事情，和客户一起怀旧；谈论身体健康状况，如提醒客户注意自己和家人身体的保养等。当然，除了倾听与询问等方式，与客户进行销售沟通之前，销售员十分有必要花费一定的时间和精力对客户的特殊喜好和品位等进行研究，这样才能在沟通过程中有的放矢。

风趣幽默，打开局面的好办法

多一点儿幽默，少一点儿苦闷；多一点儿幽默，少一点儿偏执。幽默语言是一种特殊的语言艺术，可以减轻人的消极情绪，缓解痛苦，带来欢乐。懂得运用幽默语言的销售员，充满情趣，会使人感到和谐愉快，销售也自然更容易成功。

在销售过程中，客户会有很自然的敌对情绪，当销售员适当运用幽默这一技巧，就可以消除客户的紧张情绪，使整个销售过程轻松愉快，充满人情味。

因此，销售员要想在销售时游刃有余，不仅需要具备良好的心态、专业知识和技能，还要懂得使用幽默的语言使客户在欢声笑语中接纳你，决定购买你的产品。

一位大学生在课外兼职做推销员。

有一次他去一家杂志社推销商品，但是聪明的他并没有一开始就说明来意。

"请问你们这里需要一名才华横溢的编辑吗？"

"不需要！"

"记者呢？"

"也不需要！"

"那印刷厂还需要人手吗？"

"不用！我们现在没有空缺岗位。"

"好的，那我想你们一定需要这个！"大学生从背包里掏出一些制作精美的牌子，每个上面都写着："满员！暂不招聘！"

对方看到这些牌子之后哈哈大笑，爽快地买了一些。

心理学研究结果显示：人在交谈时的注意力每隔五分钟至七分钟就会有所松弛，要想使人重新集中精力，就需要对他们进行相应的刺激，为其制造某些兴奋点，以此来唤醒他们的注意力。

同样，客户在听销售员介绍商品的时候，时间一长，也会出现走神的情况。这时候，销售员就应该想办法去刺激他们，使他们的注意力回到谈话。而最好的方法，就是在讲述中适时插入一些幽默风趣的言辞，这对于消除对方的心理疲劳是有很大帮助的。而且即使在正常的情况下，与客户的沟通中，幽默风趣的语言也有利于赢得对方的好感。

日本的天才推销员原一平虽然才华过人，但是他天生个头很矮，这一度让他苦恼不已，时常感到自卑。而他的上司高木今次却对他说："身形高大、相貌堂堂的人在与别人交往时，很容易获得别人的好感，这往往使他们行事顺利；而身材矮小的人就不具备这种优势，你和我都是这样，所以我认为，我们要靠其他的长处来弥补这一点。"

原一平深受启发，他决定利用自己独特的矮小身材，加上勤学苦练的幽默语言和夸张搞笑的动作表情来打动客户。事实证明，他的做法非常有效，经常在向客户推销时把客户逗得捧腹大笑，所有客户都觉得他可爱可亲，非常喜欢他。

有一次，他去推销一项保险业务。

"您好！我是明治保险公司的业务员原一平。"

"哦，明治保险啊，昨天你们的人来过了。我非常不喜欢保险，所以昨天就拒绝了他。"

"哦？真的吗？但是，我想我应该比昨天的那位同事英俊帅气得多吧？"

"哈哈，你可比不上他，昨天那位先生长得高大魁梧，比你可好看多了！"

"你知道吗？人们都说矮个子没坏人、越小的辣椒越辣，并且还说人越矮，漂亮姑娘越爱呢，这些话可不是我瞎编的哦。"

"哈哈哈哈，你这个人实在太有意思了！"

就这样，原一平通过幽默的方式，迅速使客户放松戒备，拉近了与客户的距离，生意很快就做成了。

幽默感并非每个人都生来具备，在后天的学习与使用中，也有很多问题需要注意。

（1）幽默要适度。

幽默能带来快乐，化解客户对销售员的敌意，但在运用幽默技巧时一定要掌握分寸，不能过度，否则会给客户留下轻浮和不可靠的印象。

（2）幽默内容要适宜。

幽默不是简单地讲个笑话就可以的，一定要符合当时的情境，并且要措辞准确，避免误会。而且幽默的内容不要涉及客户的私人问题，那样就等于是在嘲讽客户，会让客户觉得销售员不尊重他。如果引起客户不快，销售员自然也只能无功而返了。

（3）幽默时别板着脸。

幽默意味着开心，但如果讲述者总是板着脸，嘴上在说幽默内容，表情却是愁苦模样，这会让客户以为是在嘲讽他。微笑起来，让客户知道我们的幽默是善意的，是为了让对方开心，只有这样，客户才能接受幽默，才能拉进双方之间的关系。

（4）幽默要围绕交易目的。

销售员与客户交谈的目的只有一个，那就是达成交易。有些销售员相当幽默，开玩笑的手法也非常高明，但一开起玩笑来就不着边际，将客户的思路越拉越远，直到最后忘记了谈话的目的，最终导致交易失败。

（5）幽默要因人而异，因地而异。

幽默固然可以舒缓客户的情绪，但不分青红皂白地给客户来一段幽默笑话，撞枪口的概率也是不低的。在打算向客户讲述一些幽默笑话来舒缓氛围时，务必要先了解客户是否喜欢幽默，以避免激怒对方，导致不欢而散。有的客户喜欢直截了当、一本正经，这时就不要再刻意幽默。

幽默也要分场合，如果是在比较严肃的场合，比如会议室或者商谈比较重要的事情时，幽默会与场合的气氛产生冲突，因此在这类场合不适宜幽默。

总之，幽默是建立在博学多识基础上的一种智慧的表现。一个人只有具备丰富的知识、开阔的眼界，并且将它们灵活运用，才能做到左右逢源，妙趣横生。因此，销售员要广泛涉猎，充实自己，不断在生活或实践中学习和感悟，这样才能让幽默成为促进销售的推动力。

滔滔不绝，多说不如多听

倾听是对客户最好的尊重，倾听是礼貌，认真倾听会让客户欣赏你、信赖你。倾听能够获得客户的好感还来源于"互惠原理"。销售员十分耐心地倾听客户的抱怨，客户因此舒缓了心情，客户说完以后就会产生回报的心理，会用其他手段来弥补倾听的销售员，因此倾听之后成交的可能性更大。

那么，应该如何掌控倾听的时机呢？

很多销售员在推销产品时，七成的时间都是在跟客户讲话，客户只有三成的时间能够说话，而这样的销售员一般不会有太突出的业绩。顶尖的销售员早就总结出了一条规律：听与说的比例应该为 7 : 3。也就是说，70% 的时间应该留给客户去说，自己倾听，而 30% 的时间留给自己讲话，向客户提出建议、问题和鼓励，这便是"两只耳朵一张嘴"法则。

销售员一定要记住这条忠告：当你发现自己说话的时间超过了 45%，一定要当机立断，赶快闭嘴。

郑来飞是一家食品公司的销售员，曾多次获得公司销售冠军的称号。一天，他去客户家里推销公司新推出的芦荟精，但客户似乎不感兴趣。郑来飞没有气馁，细心地观察客户家的客厅。

阳台上的一个美丽盆栽吸引了他的目光，他说道："好漂亮的盆栽啊，我平常就没见到过。"

客户本来不怎么搭理郑来飞，这时便有了兴致，激动地说："你说得没错，这很罕见，叫嘉德里亚，是兰花的一种。这种花非常美，很优雅，看到它心情就大好。"

"确实是这样，我看到它眼前就一亮。应该不便宜吧？"

"那是当然，这是个宝贝啊，一盆就要4 800元。"

郑来飞做出惊讶的表情："什么？这么贵啊！那你每天都要给它浇水吗？"

"对啊，我每天都细心地养育它。"

就这样，客户开始向郑来飞讲述与兰花有关的知识，而郑来飞也耐心地倾听着。

客户颇为感慨地说道："就算是我儿子都没有耐心听我讲这些，你却愿意听我说这么多，甚至还能理解我的意思，真是太谢谢你了！希望你改天还来听我讲兰花，好吗？"

最后客户从郑来飞手里爽快地购买了芦荟精。

如果有一个谈话的机会，大多数人都喜欢别人听自己说话，而不是听别人说话，而且讲话时也总是喜欢讲和自己有关的事情，而不是与对方有关的事情。因此，一个能够在人际交往中如鱼得水的人，一个能够在客户群体中处理好关系的人，在和别人说话时一定会把机会留给对方，让对方说他们关心的事情。在现实销售中，只有通过与客户沟通，充分了解客户的基本情况，如是否真的要购买、购买什么价位的产品等，然后再有针对性地进行销售，才能事半功倍。而事实上，很多时候，出于防备心理，客户并不会诚实地说出自己的真实想法。这就要求我们会听，以便于在销售中及时判断出客户的真需求，从而更准确地找出应对策略，尽快完成销售任务。

学市场营销的小林大学毕业之后就在一家建材公司做起了销售。由于专业知识扎实、口才好，小林的销售业绩直线上升。但是，小林有一个致命的弱点，那就是不会倾听，因此流失了不少客户。

一次，小林去谈一个大型工程，工程的负责人是个40岁左右的男人。他对建材的要求非常高，见了小林之后，便直接询问小林所在企业经销的建材的各项指标。小林报了指标后，对方似乎不怎么满意。但由于小林所在企业的钢材各方面指标都很不错，况且各种政策和条件都很好，客户也就不再挑剔了。但当小林报出价格之后，客户突然声音提高了八度。后来，无论小林怎么向客户保证建材的质量，对方总是避而不谈实质性的问题，就连之前谈妥的各项事宜，对方也不再坚持了。小林不明白为什么客户前后态度反差这么大，但无论她怎么挽回，客户还是放弃了购买。

在这则案例中，销售员小林报出价格后，客户的情绪立刻产生了变化，此时他的声音也提高了八度。可是，小林并没有听出这一变化，也没有听出客户拒绝购买的真正原因，故而失掉了客户。

可见，销售员在和客户交流时，一定要注意倾听，留意客户言语间细小的变化。洞察客户的心理变化，及时调整策略，才能保证合作的顺利实现。

那么，作为销售员，你该怎样听？又该听些什么呢？

（1）听出客户的性格类型。

语速快的人：反应敏捷，但易怒。有时候会对一些无关紧要甚至无意义的小事唠叨不停，也不喜欢听反对意见，做事一意孤行。

语速慢、说话沉稳的人：深谋远虑、有耐性，值得信赖。

木讷的人：他们不爱讲话，因为不善于讲话，但事实上，他们为人诚恳，所说之话也给人一种实在感，具有说服力，他们是能信赖的人。

说话音量大的人：性格活泼、开朗，为人正直、不虚假。像这种人，领导力及责任感兼具，是值得信赖的人。

说话音量小的人：一般来说，具备这种特点的人，若不是性格上气度小，就是善于谋略。喜欢窃窃私语的人是小心翼翼、神经质的性格，有秘密时，口风密实，决不流露真心。

说话语气僵硬的人：这种人的处事方式和他们的说话方式

一样，做事独裁，希望周围的人都按照他的话去做，若不如此，就会高声呵斥。

讲话不看对方的人：不是害羞不敢看人就是不讲真话，所以不敢正视对方。

说话时喜欢摸下巴的人：这类人比较自信，带有傲慢之气，有轻蔑他人之意。

经常中断他人讲话的人：易怒，反应快，与人讲话时常常插嘴，会因武断而造成判断错误。不能体贴对方，是轻率、自私的人。

讲话低沉的人：生活疲惫，体力衰弱。对工作无法决断，生命力弱。

（2）留意客户语速、语调的变化。

在与客户沟通过程中，如果发现原本说话速度快的客户突然放慢了语速，或者原本说话速度慢的客户突然加快语速，这时候一定要注意了，肯定是出了什么问题。一般来说，说话的速度放慢了，有可能是客户对你很不满意；如果对方把说话的速度加快了，那么意味着对方心里可能有鬼，所说的话可能是假的。所以，销售员一定要多加留意，针对不同的情况做出不同的调整。

一般来说，情绪处于平稳状态的人的语调是没有明显变化的。所以，如果客户说话的音调突然升高，要么是客户对你所说的话很吃惊，表示惊讶；要么就是客户在撒谎，想为自己找个合适的理由和借口，正所谓强词夺理。在这种情况下，销售员就要注意了。如果对方表示惊讶，那么就要用合适的解说，让对方接受你的理念；如果对方强词夺理，那么就要想尽一切办法，让客户坦诚一些。

由此可以发现，如果不懂得倾听，只是一味地说服客户购买，那么，很可能与客户的本意南辕北辙；而只有善于倾听，善于把握客户的真实心理，才能了解客户真正想要什么，才能知道如何与客户达成合作意向。

不屈不挠，一次不行就准备下一次

销售员拜访客户的最终目的是推销产品。为此，一些销售员在拜访目的没有实现的情况下就垂头丧气，认为销售已经失败。其实，任何一次拜访都是有作用的。我们应当奉行"不屈不挠"的原则，也就是说即使这一次的拜访没有成效，销售不能成交，也不能就此放弃，而应该适时地安排好下次拜访的理由，以备下次能顺理成章地进行拜访。

有一天保险业务员小蔡来到一位客户的公司。

小蔡："范先生，您好，我是保险公司的业务员小蔡，上周我跟您预约了今天的会面，您还记得吗？"

范先生："啊，小蔡啊，我记得，我记得，今天来有什么事儿吗？"范先生此时故意装作不明白小蔡此次前来意欲何为，心里却嘀咕上了，我就知道我不联系他，他肯定要来找我催我买保险，我这还没想好要不要买呢。

小蔡："范先生，其实这次我来是有事相求，不知道您愿不愿意帮我这个忙？"

范先生："嗯？是什么事儿让你专程前来？你说你说。"

小蔡："上次见您的时候，我看见您戴的手表非常好看，觉得很大气上档次，恰巧我男朋友最近也想买手表，我想让他买您那天戴的那款，但是又不知道品牌和型号，更不知道应该去哪里选购，所以来问问您。"

范先生："啊，你说这表啊，我戴着也觉得挺好的，各方面都比较适合，是在××商场买的……"

就这样，两个人以手表为话题，聊了很长时间……

小蔡："今天非常感谢您，耽误您这么长时间，太不好意思了！通过今天与您的交谈，我学到了很多手表方面的知识，真是收获颇丰啊！恕我冒昧，如果以后还有类似的问题，我能否前来向您求教呢？希望您能不吝赐教！再次感谢您的真诚款待。"

范先生："今天和你交谈我也很愉快！以后有问题尽管来找我好了，欢迎你下次再来！"

虽然这次拜访小蔡一点没有提及推销保险的事情，但接下来的几个月里，她和这位客户一直保持着联系，几次拜访客户时，客户都很高兴，最终，该公司的保险业务被小蔡一举拿下。

案例中的保险推销员小蔡在拜访客户上有自己独到的一面。她并不急于推销，而是在客户心存抗拒的时候选择夸赞客户，这样就让客户的心理获得了满足。同时，找到了双方共同的话题，彼此间聊得很尽兴，如此一来，客户对推销员的抵触心理自然也就消失了。而在拜访的最后，她又适时提出还要麻烦对方传授更多的知识，这就为下一次的拜访找到了"借口"。在这样的你来我往中，当销售员与客户由利益关系上升到朋友关系时，销售成功是理所当然的。

由此可见，如果我们能为下一次的拜访做好铺垫，那么，销售成功的可能性就会大大增加。具体来说，我们该怎么做呢？

（1）交谈中善用谈话的间隙。

如何对客户进行第二次拜访？应该找什么样的理由？很多销售员为此感到苦恼。可能有些销售员会先打电话问询客户的最近状况，并告知客户有某新款产品上市，或者以邀请函的方式邀请客户参加某个活动。但大多数情况下，这些做法都不会奏效，因为这些借口和开场白客户已见得很多，他们知道随后一定会过渡到产品和再次上门的要求上。因此，他们一般不太会配合你。而如果我们在交谈过程中能注意多了解客户的细节，那么就能利用谈话的间隙分析出客户需要什么、喜欢什么，进而完成对客户的引导。比如，当你无意中得知客户喜欢吃某种食物时，可以在拜访结束时告诉客户："前两天朋友从××地方帮我带了很多这种新鲜的××，我回头给您送些来，也不是什么贵重的东西……"这样，下次拜访的理由自然就找到了。

（2）善于掌控谈话的时间，不要一次性把话说完。

在销售员的认知中，总觉得交谈的时间以及节奏应该由客户来把控，自己主动喊停有可能会使客户不悦。但事实恰恰相反，如果由销售员主动提出结束谈话，替客户节约时间，那么客户不仅会觉得你考虑得很周到、很贴心，还能给下次的谈话找到借口。对此，我们可以这样说："王总，今天已经和您聊了两小时了，真不好意思，打扰您这么久，我看咱们今天就聊到这儿吧。不过我过几天可还要来请教您啊，您不会不欢迎吧？"这样主动喊停不仅不会得罪客户，而且客户还会觉得你有主见，也会对你的不卑不亢留下深刻的印象，为下次的拜访打下良好的基础。

　　总之，销售员一定要做到多留心，争取为下一次拜访客户留下话题。在交谈的过程中一定要问出并记下客户的联系方式，之后在闲暇时可以给客户发一条感谢的短信。灵活地运用上面所讲的那些方法，绝对会让你成为优秀的销售员。

第二章

真情流露，
做客户的“自己人”

口才达人，在巧不在多

　　每个销售员都希望自己能拥有一副好口才，而好口才有一个重要原则，那就是说出对客户胃口的话，包括什么时候开口、什么时候闭口，开口该说什么、不该说什么等。可见，口才的好坏不在于说"多少"，而在于是否说得"巧"。那些精明的销售员最大的特点就是善于察言观色，并懂得见缝插针，找准时机说出让客户乐于接受的话。

　　陈莉莉在大学学习的专业是市场营销，毕业以后和很多同学一样，她也做起了销售。她所销售的产品是化妆品。

　　有一次，店内来了一位中年女士。客户进店后，陈莉莉并没有跟在对方后面不停地介绍，而是把主动权交给了客户，自己站在一旁观看。后来，客户终于停下了脚步，对柜台上的某件产品表现出浓厚的兴趣，拿起一套化妆品翻来覆去地看。陈莉莉非常高兴，觉得眼前这位女士一定是个准客户。但她还是不动声色，只是在一旁观察客户的脸色和神情。

果然，过了几秒后，客户抬起头，好像在寻求销售员的帮助。此时，陈莉莉才走过去，为客户介绍化妆品的优势和特点。

"这个产品我用过，很不错，帮我包起来吧。"这是这位女士的结论。最终，她买下了这套化妆品。

事后，同事问陈莉莉："店里来了客人，我看你也并不热心，怎么就这么轻松地搞定客人了呢？"

"一般来说，这般年纪的女士对化妆品都很了解，我不必喋喋不休地介绍，那样反倒招致客户的反感，你们也听见了，她说她用过那款产品。我站在一旁并不是不关心客户，而是在观察，客户由低头审视产品到抬头寻找销售员，说明她已经产生了心理上的变化，她在寻求帮助，我这时候再出现不是恰逢时机吗？"听完陈莉莉的这番陈述，同事们一个个佩服得五体投地。

案例中的化妆品销售员陈莉莉是个精明的人，她并没有花费多少精力就轻松地搞定了客户，这是因为她懂得观察和见缝插针，在关键时刻才站出来为客户解说产品；相反，一些销售员无时无刻不在发挥自己的口才，但似乎销售额并没见多少。这是因为他们只顾站在自己的角度介绍产品、发挥口才，而没有观察客户，更没有说出客户真正想听的话。对于化妆品而言，产品即使再好，如果不能解决客户存在的实际问题，那么，即使说得天花乱坠，也无法说服客户购买。

可见，如果一个销售员懂得有的放矢地说话，即使言辞不多，也能说得客户心服口服。

那么，销售员该如何有的放矢地说话呢？

（1）察言观色，找准时机。

善于言谈者，最擅长察言观色。那些会说话的销售员，无论在自己说话的时候，或是在对方说话的时候，他们的眼睛总是随时地留意着对方的面部表情、眼神、姿态以及身体各部分的细微变动，并随时判断谈话的状态，对方的心态、表达的意思等，然后再将自己的观点、看法得体地说出来。

一般来说，可以从以下两个方面进行观察：

①观察客户的面部表情。

在销售中，客户的每一个表情、神态的变化都代表着一定的心理，精明的销售员能抓住客户的每一个细微的颤动以及表情、神态的变化，及时从变化中推测客户的心理。比如，客户脸部的肌肉突然由紧绷到放松，说明他的心情有所缓和，对是否购买产品也已经做出决定。

②观察客户眼神的变化。

俗话说"眼睛是心灵的窗户"，客户也可能为了自身利益掩饰内心的想法，但无论他说什么，只要我们仔细观察客户的眼神，就能找出其真实想法。

打个比方：当你滔滔不绝地向客户介绍产品的性能，并以自己的产品为傲，以为客户会认真倾听时，却发现客户原本感兴趣的双眼闭了起来，或者开始东张西望，这就表明他（她）已经对你的介绍感到厌烦，或者对你的话题没有兴趣了。此时，你就要换一个话题，或者停下来引导客户谈话，以了解客户真正关心的问题。

（2）听完再说。

一些做事鲁莽的销售员往往会这样，当客户提出问题的时候，就立即接过话题，并极力解释，但很快他们就会发现，客户又有新的问题需要解决，于是再解释，如此反复……最后客户没问题了，却这样告诉销售员："我再考虑考虑吧。"因为客户觉得自己仍有许多需要解决的问题，只是他暂时想不起来而已。

所以，我们在和客户沟通的时候，一定要把话语权充分交给客户，让其一次性把想问的问题问完，哪怕他说的是错的或是对你公司有误解的问题，在这个过程中，你可以有较充足的时间考虑回答方式。然后你说："您还有问题吗？""好，您看您比较关心的是……"如果你是在进行电话沟通，那么，你就要将客户提出的一系列问题逐一记下来，等到客户把所有问题反映完之后，对于客户的要求和顾虑有了整体的了解，再整体解决，否则只会让双方的沟通效率变低。

口才不只是巧舌如簧的嘴上功夫，更是一个人综合能力的外在体现。一个会说话的销售员必定有敏锐的洞察力，可以对事物进行深入的剖析。因为只有具备这种能力，说起话来才能打动人心。

善用赞美，让客户信心满满

无数销售经验告诉我们：人都是有虚荣心的，没有人不喜欢别人的赞美和奉承。当听到别人的赞美和奉承之后，一般人都会心花怒放，尤其是一些虚荣心比较强的人，更是高兴得不亦乐乎，在这种情况下，满足对方的虚荣心就能征服和俘获对方的心。一位百万富翁曾经坦然地说："我就是喜欢听奉承的话，自己喜欢听，别人也喜欢听。"既然客户有这个心理需求，那么销售员一定要会说、爱说。但销售员在赞美客户的时候，一定不要忘记自己的最终目的——销售产品。偏离这一中心的赞美是毫无意义的。

可见，说奉承话也是一种能力，有的人说奉承话可以俘获客户，而有的人拍马屁却丢掉了客户，白白浪费了美言。

马歇尔是一家保险公司的业务员，有一次，他费了几番周折才约到当地一位大人物——肯尼迪先生，虽然只有一小时的会面时间，但马歇尔有信心拿下这个大客户。

没想到事与愿违，马歇尔一见到肯尼迪先生，就激动得忘乎所以，大嚷着说："肯尼迪先生，我从小就是听着您的事迹长大的，没想到今天居然有机会真的见到您！我可是万分崇拜您呢！如果今天能听您讲述您的那些传奇故事，那我可真是死而无憾了！"

"哈哈，谢谢你的赞美啊，年轻人。不过，你今天就是为这个而来？"

"肯尼迪先生，您不知道，有太多人做梦都想见您一面呢！"马歇尔越说越起劲，每句话都不乏赞美之词，肯尼迪先生也被他的热情和赞美冲昏了头脑，开始向他讲述起自己白手起家一步一步走到今天的创业历史。结果可想而知，一小时很快就过去了，而马歇尔只得到了些精彩的故事，而错失了与这位大人物做生意的机会。

这一案例中，马歇尔的赞美之言的确起到了打动客户的作用，他和客户可谓聊得很投机，但马歇尔忘了自己此行的目的。因此，他的赞美之言说得再动听也是没有意义的。如果他能在客户对其产生好感时适时地插入销售事宜，是很容易实现销售目的的。可见，赞美客户是件好事情，但并不是一件简单的事。赞美客户，不掌握一定的技巧，不懂得恰逢时机地赞美，反而会使好事变为坏事。

原一平曾说："赞美是畅通全球的通行证。"每个人都渴求被赞美，只要能够满足客户被赞美的心理需求，客户的心田中就会种下更多有利于和你做成生意的种子。找准赞美点，客户露笑脸。赞美与奉承不同，赞美需要一颗真诚的心，不要害羞，勇敢地说出客户发光的一面，对客户形成强烈的冲击力，让其感到自己是一个大人物，这会给客户带来无与伦比的价值感，并使客户欣赏我们。

准确赞美客户，让客户受用，需要注意以下几个方面：

（1）赞美要具体。

赞美一定要真诚，而真诚的表现形式则是具体。敷衍的赞美无非是"很好""你真漂亮"之类的话，客户或许早就听腻了，而且根本不能从中感受到销售员的赞美点。赞美越具体，就说明你对客户越了解，而客户对"知己"从来都没有抵抗力。

（2）赞美要适度。

赞美不能太随便，更不能过度。过犹不及，过度的赞美只是虚情假意，无端夸大，客户不能从中感受到销售员的诚意，反而会降低对销售员的好感度。因此，赞美要恰如其分，掌握尺度，选择适合的场合。要记住，得体的赞美之词需要娓娓道来才能达到效果。

（3）要找准值得夸赞的地方。

一定要摸清客户的具体情况再进行赞美，如果对方根本没有你所夸赞的特点，你却大肆夸赞，就很容易招致客户反感，甚至以为你是在讽刺他。

刘海涛是一名销售员，最近他的一位客户发来结婚请柬，邀他参加结婚宴会。当刘海涛到达客户的新婚宴会时，他一眼就发现客户的新娘长得一点儿也不好看，而且腿脚也不利索。

为了让客户高兴，他决定要赞美一下这位新娘，让客户面子上增光。于是，他走到新娘的面前夸奖道："新娘真漂亮，貌若天仙，像个大明星似的！"刘海涛以为客户会很高兴，没想到客户把脸一沉，没有搭理他。刘海涛觉得肯定是自己没有夸到位，毕竟是结婚的日子，谁不想喜庆一点儿呢？于是，他走到客户身旁，笑着说道："我真羡慕你能娶到这么一位完美的老婆，瞧我，现在还打着光棍呢。"

其实，客户根本没有听他说最后的话，而是生气地将他推开。最终，这位客户还取消了订单。

（4）赞美话不能生搬硬套。

有的销售员看到别人通过赞美获得了客户的认可，最终签下订单，以为他们说的赞美话是万灵药，就记录下来，练得滚瓜烂熟，然而一旦见到客户，这些套话却毫无用处。

虽然人人都希望被赞美，但赞美须符合实际，一旦没有符合实际，客户就会产生疑问："他说的是我吗？"同时，客户还会得出一个结论："这是一个虚伪的人，他说的话不能相信，他推销的产品就更不能相信了。"因此，赞美话要因人而异，具体问题具体分析，切不可偷懒图省事，用套话糊弄客户。

（5）借他人的话赞美。

有时，间接赞美会比直接赞美获得更好的沟通效果，比如借第三者的口来赞美客户，例如："听刘亮说您越来越漂亮了，我起初还不信，现在见到您我才后悔当初自己说了那样的话。"间接地赞美可以避免恭维和奉承之嫌，客户听了心里会感觉更舒服。

（6）给竞争对手一个赞美。

竞争对手的存在是使自身变得更加强大的推动力，一定要及时了解竞争对手为什么成功和犯过什么错误，然后扬长避短。在向客户推销产品时，如果遇到与竞争对手的产品做比较，千万不要批评自己的竞争对手，这可能会导致客户的反感。在推销过程中遇到竞争对手要做到以下几点：

①绝不说竞争对手的坏话，哪怕客户说了他们的坏话，销售员也不能说；

②称赞竞争对手的优秀，对其表示敬意；

③强调自身优点，展示自身比竞争对手更强。

夸赞与奉承的区别在于是否真诚。当你真诚地夸赞客户时，客户也会热心地接待你，给你一个满意的回报。每个人都有虚荣心，用赞美满足客户的虚荣心，客户也会通过行动来补偿你对他的赞美，而且会在潜意识里对你产生亲切感，因此更容易成为长期客户。

神态表情，别让臭脸吓跑客户

人是情绪化的动物，一般来说，人们的情绪，包括喜怒哀乐，往往会直接表现在脸上。因此，生活中，我们可以通过观察人的面部表情得到许多关于此人的信息。销售员每天会接触到许多不同的人，因此可以通过对方的面部表情来揣测他的内心想法；同时，对方也可能会从你的面部表情上来判断你的内心想法。与客户交谈中，不仅要注意自己的语言、语气，也一定要注意自己的神态与表情，神态语气配合得好，才显得更真实。有时候，当你情绪不佳不愿为客户服务时，即使你的语言中没有透露出任何情绪，你的神态也会出卖你，客户是可以知晓你内心的真实想法的。试想，一个表里不一的销售员，客户又怎么能信任呢？

因此，销售员与客户交谈时，一定要配合自然的动作、亲切的表情，要神采奕奕、精神抖擞，要热情、大方，不要害羞、腼腆，也不要轻佻、浮夸，这样才能使客户心情愉悦。

陈进是一名刚踏入销售行业的业务员，一切还在学习阶段，因此平时工作很努力，从不敢怠慢客户。

有一天，他和女朋友吵架了，那天，他本想请假的，可是公司临时派他和一位同事去拜访一位客户，他无法推托，就硬着头皮去了。由于天气炎热，再加上他心情不好，他一路抱怨："这活儿可真不是人干的，挣不了多少钱，还得这么受累。"

见到客户后，陈进努力克制自己的情绪，和客户商量合作事宜。由于对陈进所在公司销售的产品比较信任，也合作过多次，对方并没有刁难他们，很快便答应购买，只差签约手续，陈进终于松了一口气，最后他说："王总，您看，我们什么时候签约？"在说这句话的时候，陈进的表情痛苦极了，不幸的是，他的表情被客户捕捉到了。"再说吧……"王总说。

听到这句话，陈进觉得有些莫名其妙，最终，这位客户并没有购买产品。

这则销售案例中，客户之所以最终放弃购买，就在于销售员陈进最后那个痛苦的表情，这让客户心中不悦，不免产生了对与自己合作的销售员的种种猜疑。

实际上，表情属于人的非语言交流部分。著名人类学家、现代非语言沟通首席研究员雷·伯德威斯特尔指出："在典型的两个人的谈话或交流中，口头传递的信号实际上还不到全部表达意思的35%，而其余65%的信号必须通过非语言信号的沟通来传递。"而无论在何种沟通环境下，语言和表情应该有正确的配合，这样才能达到理想的效果。

一个精明的销售员不但会运用语言传达思想，更会关心自己的肢体语言在客户心中的印象，其中，表情语言尤为重要。因为，只有二者配合得当，表里如一，才能让客户产生信任感，从而使销售在一种和谐的气氛中顺利完成。

那么，销售员在与客户沟通时该如何将语气与神态配合好呢？

（1）语言生动、语气亲切。

采用生动形象的语言，并采用亲切的语气，这样才能让客户感到快乐，从而对销售员产生信任感。

（2）态度要诚恳。

在与客户沟通的过程中，必须以真诚的态度与客户交流，并且要让客户感受到你的诚意。如果被客户认为是虚伪的人，那么接下来势必会引起对方的反感。

（3）要配合适当的表情和动作。

与客户沟通时要注意措辞和语气，这一点非常重要，如果说话时表情冷漠、动作呆板，那么，即使再生动的语言也不能起到良好的沟通效果。因此，要同样重视表情和动作的作用，讲话时一定要配以自然的动作、亲切的表情，使客户心情愉快，切忌夸张或矫揉造作，以免客户反感。

当然，这要视不同的销售情况而定。

（1）接待客户时。

有些销售员遇到客户光临，虽然嘴上说"欢迎光临"，却面无表情，一点儿笑容都没有；更有些销售员甚至对客户上下打量，斜眼看着客户，这都是不对的。正确的做法是报以微笑，目光集中不游离，亲切地道出"欢迎光临"。

（2）介绍产品时，恰当使用注视。

销售员在向客户介绍产品时，一定要注意自己的眼神，眼神不可游离不定，而要炯炯有神，透露出对产品和对自己的信心，对销售工作的热情、坦荡，这往往要比口头说明更能得到客户的信任。充满热情的眼神还可以增强客户对产品的信心以及对这场推销活动的好感。

（3）客户试用产品时。

这时，销售员需要做到的就是耐心服务，尽量满足其需要，不能有不耐烦的表情。

（4）客户购买后，要真诚感谢。

对已经完成购买的客户，一些销售员虽然表面上说"谢谢，欢迎再来"，但一点儿也没有感谢的意思。这些生硬、冷淡的语气和态度会带给客户非常不愉快的感受。客户是我们的衣食父母，无论何时，感谢都应该是真诚的。

身为销售员的你如果想让客户感受到热情的态度、周到的服务，那么仅仅通过语言是远远不够的，还要配以动作、神态和表情才能体现出来。只有做到动作、语言和表情的统一，才能取得完美的效果。

不懂就问，成就客户也成就你

古语云："知之为知之，不知为不知，是知也。"

销售员不是神仙，也不是圣人，对于客户所说的话不可能全部都懂，如果故作聪明、不懂装懂，按照自己猜测的意思来理解客户，以侥幸心理来与客户沟通，很有可能会误解客户的意思，导致销售失败。假如听不懂客户在说什么，不要觉得难为情，应该大胆地直接问一句："您的意思是……"

这一句话给客户传达了两个信号：第一，你在很认真地听他诉说；第二，你对他所说的话很感兴趣。客户会因此非常高兴，觉得遇到了能够和自己交流的人。随着你的问话，你将会获得更多的客户信息。

华良宇是公司里最受客户欢迎的销售员，很多客户打电话给公司表扬华良宇博学多才、素质高。公司的其他同事很好奇，为什么华良宇能得到这么多客户的肯定？在一次公司的客户联谊会上，同事们终于知道了他的秘密。

在客户联谊会上，一个同事偶然发现华良宇和一位新客户正坐在一处角落里。这名同事想要知道华良宇是怎样与新客户沟通的，因此远远地观察了一段时间。他发现客户一直在说，而华良宇似乎没说一句话，只是偶尔笑一笑，点点头。过了一会儿，华良宇和客户起身，互相碰了酒杯，然后互相道别。

第二天一早，公司接到那位新客户的电话，又是夸奖华良宇的。观察他们两人谈话的那位同事很奇怪，见到华良宇时禁不住问道："昨天晚上我在客户联谊会上看见你和新客户在一起谈话，怎么今天他就打电话来夸赞你？你是怎么做到的？"

"其实很容易。"华良宇说，"我问他：'您是怎样看待我们这个行业的？'

"'前景不错，以后几年里这个行业将会成为新的热点。'客户告诉我。

"'您的意思是……您能详细地跟我谈谈吗？'我说。

"'当然可以。'他爽快地答道。我们就找了个安静的角落，接下去的两小时他一直在谈论我们公司业务领域的前景。

"客户说他很欣赏我的才华，认为我是一个有才华、有意思的谈伴。但说实话，我整个晚上没说几句话。我只是一直问他：您的意思是……"

有很多销售员抱怨与客户沟通简直比登天还难，无法了解客户的内心需求。销售员与客户之间充斥着不解和疑惑。然而最复杂的问题往往最简单，当销售员对客户说的话充满疑惑的时候，不妨真诚地问一句"您的意思是……"这样，一切问题就迎刃而解了。

在倾听客户谈话时，正确地向客户提问能够使销售员少走很多弯路，能够及时化解自己心中的疑惑，避免之后的交流障碍，更能给客户留下良好的印象。多提问还能了解更多与客户有关的信息，掌握谈话的主动权。销售员不是神仙，不可能对所有事情都了如指掌，不懂客户说的话不要紧，更不必觉得难为情，要自然地向客户询问一句"您的意思是……"这样不仅让客户感受到来自销售员的重视，也可以及时弥补销售员在某方面的不足，避免之后的沟通障碍。

人们都渴望受到别人的重视，只是很多人把这种需要隐藏在内心深处，没有表现出来而已，而且在某种程度上来说，请教也是一种赞美，谁不喜欢被人赞美呢？"您能告诉我该怎么办吗？""您觉得怎么样？""我还不知道是怎么回事，您能告诉我吗？"销售员在向客户提出这些带有征求意见或者求助口吻的问话后，客户会觉得很受用，自然会对销售员增加好感。

很多客户都不免有好为人师的习惯，这时，销售员的虚心求教就成为激发客户表现欲的最好工具。销售员如果表现得对客户所谈的内容很有悟性，客户很快就会视其为知己和同道中人，他对销售员的信任将进一步加深。因此，请教得当能够改善与客户的关系，获得客户好感，对销售的开展有着巨大的推动作用。

　　张贵晨是一名二手车销售员。有一次，他领一位客户看他销售的二手车，但这位客户非常挑剔，或者说这辆车的车型不好看，或者说那辆车的底部有刮痕，又或者说某辆车价格太高，负担不起。遇到这种情况，张贵晨不再向客户推荐，而是让客户自己选购满意的车辆。

　　几天以后，一位客户开来一辆二手车，请张贵晨帮忙销售出去。对车进行仔细的观察和检查后，张贵晨觉得这辆车非常符合前几天那位难缠客户的需求。于是，他约来了那位客户。

　　一见到客户，张贵晨就向客户请教："您在鉴定汽车价值方面无疑是一位专家，几乎很少有人能像您那样对汽车价值进行非常精准的评估。我现在手头正好有一辆二手车，您能不能帮我看看它的性能，看别人应该出价多少才划算？"

　　这位难缠的客户露出笑脸，高兴地答应了张贵晨的请求。在把那辆车开了一圈之后，客户对张贵晨说："如果别人能够以5万元的价格购买这辆车，我觉得还是比较合适的。"

　　"哦，谢谢您的评估。这样吧，如果把这辆车按照这个价格卖给您，您看如何？"

　　客户欣然应允道："好啊，可以，这辆车以5万元的价格买到是比较容易被接受的。"就这样，张贵晨利用请教的技巧讨得了客户的好感，成功地将二手车销售出去。

　　在向客户请教时，销售员要注意以下几个方面：

（1）认真倾听。

既然请教客户，就要认真倾听客户的话。如果轻易另起话题，打断客户的话，就是对客户的不尊重。如果不得已，一定要打断客户的话，比如需要客户对某一点进行澄清，也需要看客户的反应，千万不要让客户以为你没有耐心听他讲话或者不赞成他的观点。

（2）跟着客户的思路走。

尽管接收别人说话内容的速度远比说话速度要快，但也不要在客户没说完话之前就武断地判断客户的想法，认为自己已经了解了客户的意思。销售员一定要跟着客户的思路走，听完客户所说的内容，以免错过客户所说的话中的弦外之音，误解客户的想法。

（3）适当迎合。

在倾听客户讲话时，可以在口头上讲一些积极迎合的话，比如"我明白""真有趣""原来是这样啊"等。这些话可以表明销售员确实在认真听客户讲话，客户由此会对销售员产生信任和好感。

（4）确认客户的讲话。

客户在回答请教的问题之后，销售员应该将客户的话做一下总结，这也是倾听客户讲话的一个重要体现。这不仅说明销售员认真地听客户讲话，也为潜在客户提供了一个为销售员澄清可能的误解的机会。

因此，在销售中多开口向客户请教，不会带来任何损失，反而会提升销售员的人格魅力，让客户对其产生更多的好感。大部分人都喜欢被人请教，因为这能体现自己的能力及别人对自己的重视和喜欢。当销售员带着真诚的态度向客户请教时，多数情况下能取悦客户，从而为下一步销售活动奠定扎实的基础。

同理共情，你们是一伙儿的

心理学有一个专业词汇——共情，指人与人在存有差异的情况下，能够在很短的时间内在同一种情绪中对话，互相感知、理解和分享彼此内心世界的能力。这样说起来或许过于专业，换句话说，共情就是设身处地、将心比心，即所谓的"同理心"。拥有共情能力的人，能够设身处地考虑他人的处境，感受和理解他人的情感。

销售这个行业是与人交往的行业，充分体现了与人交往的艺术，而与人打交道就要善于洞察人心，才能与客户建立起信任关系。建立关系是销售的第一步，而共情则是这一步的关键。

共情需要了解客户的情绪和想法，所以销售员必须学会倾听客户说话，通过客户的讲述了解其内心感受，并能用自己的语言表达出来，以此表明对客户内心感受的感知和认可。因此，销售员一定要暂时放下自己的感受，以开放和接纳的态度面对客户的想法和情绪。

网络上曾经流行过一张 T 恤的照片。那件 T 恤上面用中英文双语写着："我就是想看看，我什么也不买，我也没带钱，所以不用理我，谢了。"这张照片被网友转发并调侃"一定要来一件"，大家都觉得，穿着这件 T 恤就不会被导购烦到了。为什么导购会让很多消费者感到反感呢？原因就在于导购的一厢情愿，他们太在乎如何把产品卖出去，太在乎销售业绩是否达标，而忽略了消费者的感受。导购只想把产品推销给客户，但客户凭什么接受？很多导购之所以出现上述问题，就在于他们缺乏共情能力，没有理解客户，而是不由分说地推荐产品。

　　不仅是导购，很多行业的销售员都犯过这种错误。我们知道，倾听是每一名销售员的责任和职业自觉，但很多销售员在倾听的过程中喜欢以自己的感受来判断或猜测客户的想法，这样的做法会让客户以为销售员对他没有足够的重视，反而拉大了销售员与客户之间的距离。

　　韩晓辉加盟了一家日式餐厅连锁店。在正式开店之前，日本餐厅总部派来一名年轻的培训师帮助他培训店员。

　　这名来自日本的年轻人做事认真、干练，仅用三天时间就讲清楚了餐厅的服务注意事项和各种要求，连各种食材的比例都介绍得很细致。韩晓辉对他的这股认真劲儿非常欣赏。培训结束后，韩晓辉决定好好招待招待这名培训师，感谢他对培训工作的尽职尽责。

　　这名培训师建议在韩晓辉自己的店聚餐，在点餐之前把所有的店员都召集到了大厅，然后微笑着对他们说："今天，谢谢大家的款待，也谢谢大家在这几天里给予我的帮助和支持，更要谢谢你们留给我的美好回忆。"

他对各位店员深深地鞠了一躬，接着说："请问，大家有谁能看出我今天的心情是好还是坏？"

由于店员们早就和这名培训师很熟悉了，所以就没有顾忌，开始七嘴八舌地提出自己的意见和想法，但大家的总体想法还是一致的，都认为培训师的心情非常好。培训师问："为什么大家觉得我的心情很好呢？"

店员给出的理由很多，比如："我觉得你圆满完成了任务，心里当然感到高兴。""我觉得你马上要见到自己在日本的亲人了，应该感到高兴。""我觉得你来到中国，不但为我们培训了很多技巧和知识，也学会了很多中国的东西，很有收获，肯定很高兴。"

培训师和店员一一握手之后，看着大家说道："告诉大家，我今天的心情非常不好。"

所有人都感到不可思议，因为从培训师的表情、语言和动作来看，他应该是高兴的。

培训师动情地说道："我马上就要离开中国，离开你们了，我十分舍不得，觉得很难受。很遗憾，你们都猜错了。这也正是我想要告诉大家的，千万不要用'我觉得'来猜测任何一个客户的心情，不要用自己的感受来代替客户的感受。这是我在这里的最后一堂培训课。"

销售员在与客户沟通时，不要单单从客户的表情、神色、语言中判断客户的内心感受，这些外在的东西经常欺骗销售员的眼睛。

销售员的职责不仅是倾听，还要在倾听的过程中全身心地投入对方的谈话情景中，学会换位思考。当销售员能够站在客户的角度看待问题时，也就真正了解到客户最真实的感受了，由此顺藤摸瓜，客户的需求痛点也就浮出水面了。销售员要培养自己的共情能力，不能想当然地用"我觉得""我以为"的思维来判断客户的想法。销售员要善于倾听客户，从其话语中感知客户的真情实感，并做出适当的回应，让客户知道自己的感受引发了共鸣，从而使其透露更多的信息，最后抓住其需求的痛点。

适时回应，建立良好互动

沟通是相互的，销售过程中的沟通也是如此。因此，仅仅将产品的卖点传达给客户，甚至巧舌如簧地劝说客户购买是不够的，还要懂得倾听，因为只有在产品能满足客户需求的情况下，才能真正打动客户。当然，客户是不会主动说出自己的需求的，因此，我们在倾听的同时还要适时地回应，引导客户透露自己的真实想法。

倾听时要专注，但专注并非一言不发、完全沉默。如果在倾听时一句话也不说，就无法形成沟通，客户得不到反馈，也会认为自己的话根本没有得到重视，从而觉得销售员在敷衍了事，没有尊重自己。

销售活动需要销售员和客户的双向交流，只有销售员在说，或者只有客户在讲，都不能达到良好的沟通。在客户说话时，适当地给出一些反馈，让客户知道销售员正在认真聆听，这样客户才有继续说下去的动力。销售员在专心倾听时，可以做出诸如"嗯，是的""你说得对""我明白你的意思"或"当然"等即时性的回应，这些用词都是销售员在倾听时偶尔插话的关键词。

除了简短的反馈，销售员还可以做出更加具体的反应性回答，比如"这一点对您很重要，是吧？""我能想象出您当时的感受""我能不能多了解一下其中的细节？""很多人这么看""很高兴您能提出这个问题""我明白您为什么这么说"等，以此向客户表示自己已经了解了他们的心情。

销售员还可以用自己的经历、经验来说明对客户所说内容的理解，有时还可以适当复述对方说过的话。这些表示理解的方式都是对客户的积极回应。

贾博做销售工作已经三年了，积累了很多销售经验，曾经连续两年获得公司的销售冠军。因此，贾博被领导寄予厚望，经常接到一些大客户的资源。

有一次，领导为贾博安排了一项艰巨的任务，让他负责与商场的总经理洽谈，争取说服总经理同意从本公司大量进货。

贾博了解到这位商场总经理平日比较强势，很喜欢看侦探推理小说，为了在与客户见面时尽快拉近彼此的心理距离，贾博在拜访客户之前做了大量的功课，专门了解了一些侦探推理小说的相关知识。

当贾博如约到达商场总经理的办公室后，简单寒暄后他就十分机智地将话题引到侦探小说上。这一招果然有效，这位严肃的总经理来了兴致，把自己知道的有关侦探小说的知识和八卦都滔滔不绝地说了出来。

刚开始贾博还能应付，可是时间一长他就不行了，因为他根本听不懂总经理说的内容是什么意思。可他也不好意思说自己不懂，只好继续倾听，装作自己很懂的样子。

然而，在倾听过程中他却没有看着总经理的眼睛，也没有针对总经理谈的话题做出任何回应。后来，总经理发现只是自己一个人在说话，就停了下来，但贾博居然没有意识到。

"贾先生，我已经讲完了，可你看起来还在听我说话。你知道我说的是什么吗？"贾博被总经理问的话惊醒了，他这才发现，对方已经不说话了，而自己还在愣神。他很后悔，哪怕自己说一句"不好意思，我看过这本书，但没有把细节看得这么透"这样的话，也不至于造成这样的被动局面。

当然，贾博最终失去了这个重要的订单。

通过这个案例可以看出，销售员在倾听客户谈话时一定要注意适时地回应，随时注意自己对客户所说的话的了解程度，可以简要复述一下客户的谈话内容，并请对方纠正。

及时地回应客户不仅能让客户获得心理满足感，使其讲出更多、更有价值的信息，还能使销售员确认自己是否掌握客户的意思，以免出现理解偏差，导致销售失败。

沟通的本质就是双方及多方的信息交换，所以销售员与客户在沟通时必须懂得反馈。如果客户一直在说，销售员看起来也像是在听，但一直沉默不语、表情冷淡、眼神涣散，这会让客户觉得销售员在应付差事，根本不重视这次交易，自然就不会再有兴趣继续说下去，成交的希望也就渺茫了。

主动问询，挖掘客户关注点

提问是获知客户内心想法的一种有效方式。有经验的销售员一般先向客户提出一些试探性问题，客户会随着这些问题吐露自己的真实想法，并且非常自然地做出符合销售员预期的行为。

英国行为心理学家尼尔拉克姆在进行销售成功行为模式的研究中发现，只要向对方提出四种模式的问题，对方的思绪就会在不知不觉间朝提问者的预期方向发展。这四种问题分别如下：

（1）掌握现状式询问。

要想掌握沟通的主动权，我们肯定要先了解客户。尽管我们在拜访客户之前就已经有所了解，但这种了解的程度不深，通过提问，我们可以进一步掌握客户的现状，从中找出客户的潜在需求，这是推动成交的突破口。比如："您现在开什么车？""您开车的时间有多久了？""您的爱车最近车况如何？"

（2）质疑式询问。

掌握客户的现状只是提问的第一阶段，客户在说出自己的现状时可能非常平静，但他一定有某种痛点。我们要进一步提问，探询出对方对于现状的不满和问题所在，从而唤起对方的潜在需求。比如："您现在开的车是否耗油呢？""您开的车安全性能有多高？"

（3）暗示式询问。

销售员找到客户的痛点后，最好可以加深客户的忧虑情绪和对产品的不满意程度，通过暗示式询问，进一步提醒客户，继续使用这些产品有可能发生其他问题。比如："您的车耗油很高，天天上下班开车，支出是否明显增多？""安全性能不好，假如出了问题怎么办？"

（4）解决式询问。

一旦找到了对方潜在的畏惧和需求，销售员就可以向对方提出一些解决措施，并暗示这些措施的重要性，以缓解客户的不安心理。比如："换一辆耗油量较少的车是不是会更好呢？那样每月的支出会减少很多。""开车最重要的是安全放心，驾驶安全性能高的汽车，您的旅途就更轻松了，您说呢？"

如果你通过询问以上四种问题已使客户潜在的需求明朗化，让他知道了解决问题的重要性以及解决问题的方向，并且非常自然地将你推荐的产品特征、长处以及对他的好处等揭示出来，客户购买产品的可能性就大大增加了。

当客户通过回答以上四种问题坚定自己做出改变的决心之后，销售员得规划出一个大致路线，让客户循着这条路线走下去。当然，这并非是销售员强加给客户的意志，而是客户经过自己的考虑所做出来的决定。

通过尼尔拉克姆模式，销售员可以一步步了解到客户的潜在需求，找到客户的痛点，通过提出解决方案，促使客户自觉按照销售员提出的建议做出购买行为。

经验丰富的销售员都知道，在与客户进行沟通的过程中，问的问题越多，获得的有效信息就会越充分，最终销售成功的可能性就越大。弗朗西斯·培根也曾经说过："谨慎地提问等于获得了一半的智慧。"在与客户沟通时，从客户感兴趣的话题提问也是有一定技巧的，如果用得不恰当，就会起到相反的作用。具体来说，有以下几种提问方式：

（1）就地取材。

其实，我们不必绞尽脑汁地寻找提问的话题，因为一般来说，生活中人们都会关注这些话题。

你可以谈足球、篮球或其他运动。

你可以谈食物、谈饮料、谈天气。

你可以谈生命、谈友情、谈光荣。

你可以谈同情心、谈责任感、谈真理。

你可以讨论书籍、电影、广播节目、国际新闻或本地的新闻。

你可以谈论一下关于某个杂志上看到的一篇文章的要点。

……

诸如此类，都是很好的谈话题材。

（2）从客户在行的话题问起。

提问要注意的是要问及对方在行的问题，特别是要从他的专长或职业下手，这样能让你应付各式各样的客户，使话题不断地延续下去。假如对方是医生，你对医学虽不甚了解，也可以用"问"的方法来打开局面。"近来感冒又流行了，贵院大概又要辛苦一阵子了吧？"这样一来，对方的话匣子就打开了，你可以从感冒谈到症状、药品和补品等，只要双方都不厌烦，话题就会一直继续下去。

（3）借助媒介法。

例如，你想向一位陌生人推销，而他正在看报纸，你便可以用报纸作为媒介，对他说："先生，对不起，打扰一下，请问您手里拿的是什么报纸？有什么重要新闻吗？"如此一来便开启了双方对话的源头。

（4）有些问题不可问。

在和客户谈话的时候，有的事情是需要特别注意的。不要问及对方的花费，比如，不要问别人衣饰的价钱或送礼的价值，以及请客所花的费用，否则会让人觉得你触及他的经济能力或者怀疑他送礼的心意。

不可问女子的年龄（除非她是 6 岁或 60 岁的时候）。

不可问别人的收入。

不可详问别人的家世。

不可问别人用钱的方法。

不可问别人工作上的机密。

"己所不欲，勿施于人"。凡是你不想让人知道的事也应该避免询问对方，谈话的目的在于引起对方的兴趣，而不是使任何一方感觉没趣。能令对方滔滔不绝，是你说话的本领，也是增长见闻的方式。

向客户提问，令对方感兴趣的话题可以说俯拾皆是，关键在于要能够依照特定的情境去发掘，并且恰到好处地运用！

由此可见，成功销售是有章可循、有法可依的。只要在销售过程中巧妙运用沟通技巧，不断探索总结自身的销售心得，就能在销售"交谊舞"中游刃有余。

巧妙引导，满足客户的期待

衣服陈旧、手机损坏、学习知识、结婚买房……生活中存在太多的消费场景了，而这些场景的共同特点是，产品能够满足客户的真实需求，并且客户在购买之前就已经在想象获得产品之后的种种好处。

买东西需要花钱，所以对于那些不急用或者不能给自己带来现实利益的产品，人们是不会去买的。因此，销售员要让客户预见产品能够为他带来的好处，只有这样才能说服客户购买产品。

其实，人们在购买商品时在意的不是商品本身，而是商品对自身问题的解决和对自身需求的满足。他们希望通过支付费用来获得销售员手中的方案和效益。按照商品等价交换原则，客户愿意付出的金钱是以从销售员手中获得好处的多少来衡量的。

销售的产品或服务中，肯定存在客户想要得到的利益需求点，销售员要做的就是揭示产品或服务能够为客户带来的利益，进而说服客户，使其相信在购买产品或服务后就会享有这些利益，使自身的需求得到满足。

宋智刚是一位推销空调的高手，他从来不会滔滔不绝地向客户说一些"天气这么热，要是没有冷气，该有多难受"之类的套话。他知道很多时候客户不是完全因为产品好才购买，而是恰好有了需求才会觉得产品好，想要购买。如果没有需求，产品再好客户也不会买。

因此，在向客户推销空调的时候，他总会让那些有潜在需求的客户想象自己刚从暴晒的阳光下回到没有空调的家里，诚恳地对客户说："您在炎热的环境下挥汗如雨，工作完之后回到家里想要好好休息一下，当您打开房门时，迎接您的却是更加闷热的蒸笼一般的环境，刚刚擦掉脸上的汗珠，额头上很快就有汗水了。您打开窗子透风，发现一点儿风都没有，吹电扇，风却是热的。这样您本来就劳累的身子显得更加疲惫。您想一想，如果您一进家门，迎面吹来的是一阵凉风，那将会是一种多么惬意的享受啊！"

一般而言，在宋智刚这样描述有空调的好处后，客户很快就同意购买了。

销售员可以通过倾听或提问挖掘出利益点，如果客户迟迟没有下定决心购买，销售员可以把购买后实现的好处讲给他听，以促使客户下决心。

作为一名销售员，你还必须有前瞻性，你需要在掌握客户当前需求的基础上，进一步预测客户未来的需求，最终做到准确挖掘客户的需求。

你要坚定地守在客户的身边，给予客户力所能及的帮助。其实，每一位客户都希望在他们对产品的功能或具体使用方法存在疑问时，有一名专业的销售员及时为他们提供帮助。

基于客户这样的心理需求，作为销售员，你必须做到热情，为客户营造出一个优雅的外部消费环境，并为其提供全面细致的消费指导。如果你能这样做，客户可以充分了解产品的优势，结合自身情况做出是否购买产品的决定。

你必须密切关注客户未来的发展需求。无论是精神需求还是物质需求，都要重视。当然你也可以借助实地采访或者问卷调查的形式来获取客户的未来心理需求，然后根据客户的心理需求，进一步制定新的营销策略，从而形成良性循环，促进产品的销售。

关键时刻，你要为客户指出一个正确的方向。如果你能够在关键时刻为客户的消费提供一个明智的选择，那么客户会感谢你，并记住你。所以作为优秀的销售员，你必须学会和客户分享所知道的信息。另外，说话风趣幽默会使沟通变得更容易。综上所述，只要你能学会换位思考，与客户打成一片，使客户的相关利益最大化，那么你一定能挖掘出客户的需求，你的销售业绩也会越来越好。

客户一旦产生需求，而产品能够满足其需求，客户就会很快购买产品。因此，销售员要想方设法将客户的需求与产品的效果连接起来，让客户想象获得产品的好处。销售员还要运用合适的引导词说服客户购买产品。

在挖掘客户的需求时，销售员应该如何正确地引导客户呢？方法如下：

（1）语言引导要有目的性。

挖掘客户的利益点的过程，也是对客户进行语言暗示的过程，必须有一个明确的目的，决不能随意发挥。在说服客户的过程中必须一直指向客户想要完成的心愿。比如，向客户推销减肥产品，可以暗示客户："想象一下，使用这个产品以后，您的身材会越来越好，就不用再担心那些高热量的食物所带来的增脂烦恼了，得到想要的体重也会容易很多。"

（2）语气要轻柔，不要命令。

销售员说服客户的语气要轻柔，要让客户觉得像是一种有益的引导，因而能够很自然地接受。如果这时还使用和平常一样的语气，甚至采用命令式的语气，很有可能丧失客户的好感和信任。

（3）使用适当的引导词。

恰当使用引导词引起客户的注意，可以起到较强的效果。比如："在决定购买这件产品之前，您是否想要感受一下它的效果？"这句话就将客户的注意力引导至感受产品效果，还暗示客户试用这个产品。

第三章

谨言慎行，
勿因小事失大单

彬彬有礼，耐心决定销量

　　任何一位销售员都希望能高效率地工作，能在最短的时间内让客户完成购买。但交易的成功并不是销售员一厢情愿就可以的。人们购买产品时一般都会思虑再三。所以，在销售中，心急吃不了热豆腐，销售员在言谈中不可表现出自己急于成交的情绪。如果一遇到沟通不顺的情况就显得急躁不安，那么非但把握不好时机，反而会让所有努力都白费，以致功败垂成。

　　但现实销售中，总是有一些销售员性子太急，犯了这一交谈禁忌，导致了销售活动的终止。

　　王飞是一名保险推销员。最近他得知，某公司董事长杨先生在市郊购买了一套别墅，还没有上保险。这天，王飞来杨先生家推销保险。可是，他遇到了这样的事情：

　　杨先生的儿子很调皮，父母出门时让他在家看电视，回来的时候却发现小家伙不见了，这可吓坏了杨先生和他太太。他们找了半天都没找到，就报了警，郊区本来就很大，找个小孩更是困难，但还好，警察和周围的一些居民也开始帮忙寻找。

　　王飞看到这一幕，认为这正是推销人身和财产保险的时候，于是他凑到杨先生跟前，开始推销他的保险。当时杨先生很生气，没好气地说："拜托，等我把儿子找到再说好吗？"

　　谁知，王飞很不识时务，非但没有帮助杨先生找孩子，反倒继续喋喋不休地大谈保险的种种好处。这下可把杨先生气坏了，他太太更是生气。杨先生忍无可忍地对王飞大吼："如果你肯帮忙把我儿子找回来，那么保险业务的事情咱们日后找个时间再谈。但是，我警告你，你现在要是再跟我提什么见鬼的保险业务，就请你先滚出去！"推销员王飞被客户杨先生说得面红耳赤，夹着公文包灰溜溜地走了。

　　事后，找到儿子的杨先生越想越生气，于是不再购买王飞所属保险公司的任何保险。

　　案例中的保险推销员王飞有如此结果，是因为他太急于求成。首先，他推销的时机就不恰当，客户杨先生当时十万火急，王飞却不知深浅，向客户推销保险，让杨先生很反感。其次，当杨先生希望他能帮助自己找儿子时，他非但没有考虑到客户的感受，反倒继续喋喋不休地推销，这让客户更加生气。可见，是王飞自己断送了自己的销售之路。相反，如果销售员王飞在客户丢失孩子的情况下细心地帮助杨先生找到孩子，客户一定会心存感激，事后再商量保险的事，说不定结果会大大不同。

　　急功近利，行事冲动，是很多销售活动失败的重要原因。实际上，客户进行购买活动时也需要权衡各方面的因素，如产品特征、购买能力等，同时也会受到主观因素的影响，如心情好坏等，因此，他们需要一定的考虑时间。对此，销售员要加以理解，并耐心等待客户做出决定，即使客户存在异议甚至故意刁难，销售员也要做到不慌不乱、不着急，耐心地解决。

那么，如何克服销售过程中焦躁不安的心理，让言谈更加理智、平和、有效呢？

（1）有恒心，坚持到底。

销售工作最需要的就是恒心和坚持。销售工作很难一次就获得成功，大都需要不断坚持，在遭到客户的拒绝时不要气馁，要给客户时间和机会来决定，然后利用自己的口才去打动他们。销售员在观察到客户有购买的意向时，应立即抓住时机，然后一步一步让客户做出成交决定。

（2）始终保持心态平和、不骄不躁。

俗话说得好，欲速则不达，销售也是一样。所以，无论你所处的销售情景是怎样的，都要保持心态的平和。当客户表示可以签单的时候，不可得意忘形。喜形于色会让客户有种被欺骗的感觉。当客户迟迟不肯成交时，也不要急躁，把客户当成自己的朋友，肯定会轻松得多。

（3）沉默是金，以静制动。

俗话说：沉默是金。销售员在与客户交谈时，有时也需要沉默。要知道，口若悬河并不是真正的口才。当然，要做到以静制动，还需要我们做到心中有数，清楚产品对客户的重要性，了解客户的需求和意向，力求把握整个销售活动的主动权，不被客户的话所左右，让客户看到一个立场坚定、不卑不亢的自己。这样一来，就算客户对产品还有几分迟疑，也可能被你折服，从而做出购买决定。

暂避锋芒，有些问题不要回答

任何一位销售员都害怕客户的刁难或者拒绝，但这是不可避免的，多数的销售过程中都不可避免地存在客户的异议。甚至可以说，销售员碰到被客户拒绝的可能性远远大于销售成功的可能性。实际上，出于对销售员的防备之心，人们除非对产品很感兴趣，否则，拒绝是他们的本能反应。即使对产品感兴趣，客户也会提出很多让销售员无法回答的问题。而有时候，面对客户的某些看似反驳或者拒绝的问题，销售员不必一一作答。

有个叫马飞的研究生，毕业后就被一家大型的保险公司录用，被任用为总裁助理。但在他正式上任前，公司领导层考虑到他对保险行业的生疏，决定先让他熟悉一下市场，在基层先做几个月。也就是说，刚开始的几个月，他要和基层推销员们一起跑业务。为了有个好的开始，他参加了公司的各种培训课程，也让前辈教了自己各种业务技巧，但他并没有获得大家想象中的成功。最后，公司也解聘了他。为什么会出现这样的情况呢？

原来，他有个致命的弱点，那就是无法接受客户的拒绝。他面对客户时，如果客户直截了当地告诉他"我对人身保险没有兴趣"，他就无法把谈话继续下去。

案例中的这位销售员之所以不能成功，是因为他无法摆正心态，无法接受客户的拒绝，面对客户一些无关痛痒的拒绝原因，无法做出回应。实际上，让客户发现自己的需求，收回其"不需要""不感兴趣"等拒绝原因，是销售员的工作。

研究表明，客户拒绝销售员往往是习惯性使然，这和大众的性格有关。大家一般都会对现状不满意，渴求改变，但同时又对新事物抱有抵触情绪，会出于对新事物的不够了解和不能把握而排斥新事物，大多数情况下宁可维持现状。

所以，销售员在和客户沟通的过程中，面对客户提出的一连串问题或者反对的话，完全可以忽略。如果纠缠在该问题上，只会阻碍销售的进程。我们要做的就是越过这些问题，深入进去，找到客户真正拒绝的原因。具体来说，有以下几种情况：

（1）客户称：我只是看看，不想买。

这些客户在刚与销售员见面时，便会先发制人地说"我只是看看，不想买"或者称"我不需要"，这是销售员在推销伊始经常遇到的客户的拒绝方式，人们似乎已经把其当成一种拒绝销售员的口头禅与挡箭牌。

有统计数据表明，将近80%的客户对现有的产品或者服务感到不满意，却又不想采用任何措施去改变现状；有 85% 的客户实际上没有非常明确的需求。

事实上，这类客户虽然持否定态度，但这只不过是一种心理抗拒的表现。一般来说，对客户的这种态度不必在意，因为他的话并非出自真心。只要我们主动一点，主动亲近客户，他的防备心自然就消除了，因此，可以说这类客户是最容易成交的类型。

（2）客户对产品感兴趣，却指出产品的某些小问题。

在销售员和客户沟通的过程中往往会遇到很多问题，比如，一位客户似乎对一款家电感兴趣，但在购买决定做出前突然指责家电上存在的一些小问题，在销售员和他争辩的过程中，客户愤然离去。其实客户所指的问题很可能是他想要降价的借口，而不是问题本身。这样的异议是不需要回答的，解释和争辩只能使问题越来越乱。

（3）客户称：我没钱。

这种问题实在是让销售员烦恼。但是，这句话在更多的时候也只是一种借口，如果客户对产品的需求是强烈和必需的，由此产生一种"紧迫"的需求，没钱的借口就不攻自破。因此，销售员不必因为客户提出"没钱"的异议就否定这次推销。如果出现了这种情况，说明你对客户的需求启发不够，没有让客户体会到产品能给他带来的益处。当然，销售员不必正面应答的问题还有很多。比如，客户明知故问地发难、提出容易造成争论的问题等。对于这些问题，销售员可以不予回答。因为这些问题会随着销售进程的进行而自行消失，最宜采用的方式是：沉默，假装没有听见；或是答非所问，扭转对方的话题。

给足面子，客户有面子你便有订单

人们都很爱面子，有时面子甚至比生命都重要，俗话说"死要面子活受罪"，宁可遭罪也得保住脸面，不能让人看笑话。

既然面子这么重要，销售员在销售活动中就不能让客户感到没面子，否则产品再好也不可能销售出去。然而，很多销售员并没有对这一方面多加关注，说话直来直去，美其名曰坦率和真诚，但结果只能让客户尴尬和反感。

销售员应该经常运用这种"留面子效应"。比如在议价的过程中，销售员可以采取逐渐降低价格策略，达到令双方满意的双赢。不仅是议价，其他的销售活动中，销售员也应该合理运用这种效应，让客户开开心心地买单。

辉凰服装厂新创立了一个服装品牌，准备打开服装市场，但产品推出后并未受到经销商的认可，几乎没人订货，仓库里积压了大批服装，资金链也变得紧张。厂长多次召开内部会议商讨对策，后来有一个业务员想出一个对策，厂长一听，觉得可行，于是马上开始着手准备。

由于当时是服装销售旺季，厂长组织了一场全国性服装展览会，向全国100多家经销商发送邀请参展，并且报销所有的车票、住宿等费用。这个消息一传开，果然有很多经销商纷至沓来。

经销商一到，服装厂很快就安排他们参观展览会，然后用两天时间带他们游览了当地的风景名胜。第四天，厂长把经销商集中到厂里召开了一个内部交流会，并在会上提了一个要求，希望经销商协助他们在各自的区域开新品专卖店。厂长把开店的各项费用详细地列了出来，要十几万元。所有的经销商都对这个要求缄默不语，因为毕竟十几万元不是小数目。可是前几天大家吃得好玩得好，车票、住宿等也没花一分钱，现在如果直接拒绝，面子上实在是挂不住。本来是来洽谈商务事宜的，到头来显得自己是白吃白喝，占服装厂厂长的便宜来了。

厂长见时机已到，遗憾地说："既然大家对开专卖店有些顾虑，那就以后再说。不过我希望大家先带点货回去试销一下，如果销量好，大家对这个品牌有信心了，我们再谈专卖店的事也不迟。"

这一次，大部分经销商都稍微考虑了一下便纷纷响应，不一会儿，100多万元的服装就全部被订出去了。

在生活中，任何一个人都愿意与有涵养、有层次的人交流，而不愿与那些口无遮拦的人交流，因为没有任何一个人想听到不雅之言，都怕被伤了面子。销售中也是同样的道理，销售员说话直白会让客户没面子，甚至谈及客户的隐私或者忌讳，会让客户对你的印象产生 180 度的大转弯，从而影响销售进程或者使销售中止。

因此，在与客户交流时一定要注意以下问题，以免伤害客户的面子：

（1）避开忌讳话题。

生老病死虽然是人生不可避免的事情，但晦气的事情始终不能当面说出来。因此，在销售寿险等与忌讳话题相关的产品时，应该委婉地表达死亡的话题，这是保险销售员最基本的素质之一。

（2）避免批评性话语。

批评性的话语是指对客户身边的事物发表一些否定观点或意见。在发表这些否定意见时，销售员一定要深思熟虑，避免出口就伤人。例如，下面这些话就一定要避免：

销售员上门拜访，敲开客户家门直接就说道："哎，你家的楼层真高，还没有电梯，累死了！"

"这是什么茶？怎么这么难喝？"

"你的名片设计得太难看了！"

"你穿的这件衣服已经不入流了，过时了！"

这些话都太直白，客户听在耳里，似乎能感觉到销售员对自己的嘲讽和轻视，心里怎么可能舒服？客户没有当场翻脸就算是给面子了。

（3）有些话需要旁敲侧击。

即便客户自身存在一些缺点，或者其看法有诸多问题，销售员也不能直接说出来，以批评的口吻与其交流，更不可以当着别人的面大声地说出来。销售员的工作目的是什么？当然是将产品卖出去，并且让客户心满意足。批评与指责不能解决任何与客户有关的问题，只会招致客户的不满，使沟通陷入尴尬境地。因此，销售员在面对客户说话时一定要讲究技巧，对一些敏感的问题要旁敲侧击，这样比较稳妥。

爱面子是人的一种心理需求，做销售时要善于满足客户的面子心理，遇到问题不能过于直白地指出，以免伤害客户的面子。一旦我们很好地维护了客户的面子，而且确实指出了现实中的问题，客户会发自内心地信任我们，我们离成功销售也就更近了一步。

反驳有方，让客户听得进去

"客户是上帝"，这是商业中不变的法则。客户说出来的话表达了其所思所想，一旦被反驳，一定会感觉到不快。可是，有时客户说出来的话的确是错误的，如果任由其错下去，对销售也不会起到促进作用。因此，在合适的时候反驳客户的错误很有必要，关键在于方法。

很多销售员在客户提出异议时会下意识地做出激烈的反驳，让客户下不来台，最终失去了宝贵的订单。

在实际接触中，销售员应该尽量避免直接否定客户，因为这样做会使客户产生敌对心理，导致谈话氛围僵化，不利于客户采纳销售员的意见。因此，最好采用间接反驳法，也叫迂回反驳法。这种方法是在听完客户的异议后，先肯定客户异议的某一方面，然后再提出自己的反对意见。

保健仪器市场非常广阔，王筱辉本以为自己稍微努力一下就能成交，赚很多提成，但事实上他入行以来经常碰壁。他总结了自己的经验教训，最后发现了问题的症结所在。

　　客户很少有一上来就同意购买的，当客户拒绝时，尤其是拒绝的话语或者语气稍有不妥时，王筱辉就火大，很快就会与客户争吵起来，直接反驳客户的说法。这样，客户当然不会从他这里购买产品。

　　认识到自己的问题之后，王筱辉在内心提醒自己一定要冷静，再遇到这种情况时要委婉一些。

　　于是，他又去一位客户家里销售产品。与客户交流过程中，开始如以往一般顺利。他问客户："您好，为了您的健康，我能占用您几分钟的时间和您谈一下吗？"

　　客户说："好的，你说吧。"

　　王筱辉说："是这样的，我们公司开发了一款新的保健仪器，非常适合中老年人使用。这款产品虽然刚刚上市，但口碑不错，受到了很多客户的喜爱。经常使用它来按摩人的脊柱和各个关节，可以增强身体活力，解乏提神……"

　　客户突然说道："抱歉，我想问一句，这种产品是你们公司自己生产的吗？"

　　王筱辉说："是的，看来您知道我们公司，是吧？"

　　客户说："听说过，但我还听说你们公司的产品经常出现质量问题。"

　　王筱辉没有听清客户的话，又问道："什么？"

　　客户说："我身边有人说，你们公司的产品价格很高，但质量问题挺多。"

要是在以前，王筱辉肯定会跳起来反驳客户的话："您听谁说的？我们公司的产品可是采用了世界最先进的技术研发的，怎么会出现您说的问题呢？"而客户也会继续说出自己的不满："没有人会说自己的产品不好，反正我是不买。"

但这一次，他心平气和地对客户说："我很理解您的心情，我在购买产品时也常常遇到这种情况，在听到其他人对产品的异议后就没有购买的想法了。"

紧接着，王筱辉又简单地把产品的好处为客户介绍了一遍，然后说："您现在对这个产品的性能已经有了一个大概的了解。我说得再好也没用，不如您亲自感受一下，体验一下效果如何？"

于是，王筱辉拿出保健仪器，让客户亲身感受了一下，客户发现并没有质量问题，而且十分享受。双方又交流了一会儿，最后客户同意购买。

在采用间接反驳法时，要注意以下问题：

（1）选择新的推销重点，提供大量信息。

因为之前的谈话出现分歧，再纠结于这一点只会让客户更心烦。因此，围绕重新选择的推销重点提供信息，揣摩客户的思维和心理活动，并以充分的信息量使客户获得新范围内的知识。

（2）选择好重新推销的角度。

在客户提出异议后，销售员应该充分利用肯定和重复客户异议的机会思考客户异议的产生根源，判断出客户的类型，构思出新的对策，然后根据客户的购买动机和目的，依据产品的主要优点进行推销。

（3）避免态度不好。

尽量不要否定客户的异议，更不能直接反驳客户，尤其是态度不好地反驳。间接反驳法的精髓就在于转换角度、改变方向，使客户的异议失去意义。

不过，也并非任何时候都不能直接反驳客户。如果有以下两种情况，不妨使用直接反驳法：

（1）客户的异议是基于对产品的误解时，如果销售员有足够的说服力，确信自己能够说服客户，不妨直言不讳。当然，直言不讳可能会在一定程度上引起客户的不满，因此销售员要语气诚恳，面带微笑，以一种温和而友好的态度来提出自己的观点。

（2）如果客户的异议是以问话的形式提出的，直接反驳法也是适用的，并不会给对方的心理造成伤害。

在反驳客户的异议时，销售员要懂得"明修栈道，暗度陈仓"的策略。对客户的某些异议可以暂时表示同意，以避免使对方产生失望情绪和抵触心理，然后在重复客户异议的过程中转换角度，阐述自己的观点，这样做更容易被客户接受。

打探隐私，失去的不只是客户

　　人们都有窥私欲，明星的感情事往往能博得更多人的关注，在日常生活中，朋友之间的话题也有很多是关于其他人的私事。虽然"八卦"他人隐私非常容易引起别人反感，但这也止不住人们对隐私话题的热衷。许多销售员也常犯这种错误，在工作时忍不住对客户隐私产生兴趣，还没有说几句与产品有关的信息，就把话题转向客户的隐私。

　　下面这位销售员的话就很容易使客户反感：

　　"先生，您至少月收入过万元吧？不然怎么会舍得买这么贵的手机呢？"

　　"美女，您结婚了没有？"

　　"先生，您有没有买房子？有车子吗？"

　　关于收入、年龄、存款、资产等信息，客户怎么可能毫无保留、心甘情愿地说出来呢？销售员一旦说出上面的话，无疑会冒犯客户的尊严，让客户产生不安全感。

　　刘浩龙是一家房地产公司的销售员，他在房产推介会上遇

到了一对未婚情侣来看楼盘。这对情侣打算买了房就结婚。刘浩龙感觉生意来了，决定要钓到这条"大鱼"。他格外热情地给这对情侣看了好几套样图。

在与情侣交谈时，他得知他们是农村户口，在城市工作，打算在城市定居，于是没有多想就问他们："你们准备什么时候结婚？结婚以后什么时候要孩子？你们的爸妈还搬过来一起住吗？"

他的话一出口，男孩的脸上就发生了变化，尴尬万分，和女孩对视了一眼，没有回答。女孩含含糊糊地说："这个暂时不考虑，先买一套住下来再说。"

刘浩龙没有注意到他们的表情，又说："您这是在凑合啊！但买房可不能凑合，父母上了年纪，正需要人照顾，最好到这里和你们一起住，因此需要买一个大房子。我建议你们买一套100平方米左右的两居室，这样空间大，价格也比其他的要实惠，你们看怎么样？"

男孩变得非常生气，但一直忍着没有发作。女孩的表情还是很自然，平静地笑着说道："两居室也只能住两家，那我父母怎么办呢？"

刘浩龙这才缓过神来，原来自己一直在过问对方的家事，触及了对方的隐私，导致谈话越来越尴尬，走进了一条死胡同。刘浩龙正不知该如何回答时，男孩抓住女孩的手，两个人离开了这里，去了其他的楼盘。

就是因为销售员说了不该说的话题，这单马上要到手的生意就白白丢失了。这位销售员错在还没有确定客户的基本信息，一开口就谈到了情侣十分反感的敏感隐私话题，导致气氛变得很尴尬，使话题失去了控制，客户为了摆脱这种局面肯定会走开。

在工作中，销售员要时刻谨记自己的身份，自己是一名专业的销售员，任何试图打探客户隐私的话语和行为都会招致客户的反感。过分关注别人的隐私，只会有损销售员专业和真诚的形象，让客户变得越来越不信任你，以致错过销售良机。当然，销售员也没必要把自己的隐私告诉客户，企图用自己的隐私来收买客户。一个连自己的隐私都不注重保护的人，客户还怎么掏心窝子说出自己的重要事情呢？一旦客户失去对销售员的信任，也就降低了其在客户心目中的形象，产品如何也就不再重要了，因为客户不会再关注产品，只会扬长而去，另寻他处。

隐私是销售员不能触碰的敏感话题，一旦触碰，就会触发客户的紧张神经，引起客户的不信任和反感，再想推销产品就不容易了。销售员要做的是管束自己的窥私欲，认真挖掘客户的需求，让客户主动提供自己的信息。

客观厚道，不要打击同行

任何行业都有竞争，尤其是销售行业，竞争更为激烈。有竞争才会有发展，才会有进步，销售员要正确地看待竞争，不仅要对对手的产品有深刻的了解，还要用专业的眼光看待竞争对手的产品。因为只有尽可能多地了解竞争对手的产品，才能更好地把握商机，做到得心应手，赢得客户，从而促成交易。

比如，当客户认为你产品的品种没有其他品牌多时，你可以这样说：

导购："是的，小姐，您很细心。我们的品种确实没有其他品牌的品种齐全，因为我们不像其他品牌那样以量取胜，而实际上一般日常使用也不需要那么多品种，对吧？所以我们推出的都是最常用、最经典的品类，一定能满足您日常的需要。您喜欢哪种颜色？我给您试试吧。"

当客户既喜欢你们产品的品质，又喜欢其他产品的设计外观时，你可以这样说：

导购："先生，我们先不管这两款产品哪个更好，如果仅仅考虑产品的外观和品质，您认为这两者哪方面对您来说更重要呢？"

客户："品质。"

导购："是的，您说得很有道理，品质可是产品的生命线。虽然这两款产品的品质都不错，但相比而言，其他产品的品质要更好，所以才是您的最佳选择，您说呢？"

可见，销售员向客户推销时，评价竞争对手一定要客观、准确，时机把握要准，要让客户听得进去。销售员要注意不能乱说竞争对手的坏话，无中生有，也不能当面否定客户潜意识已经认可的事实，更不能在客户面前把竞争对手贬得一无是处。最有效的沟通方式是销售员在介绍本公司及产品的特点时，不知不觉地说出同行业竞争对手的不足，这样才能有效果。

李阳明是一位资深的医疗器械销售员。一次，他去某医院推销新产品，当自我介绍完，并把相关资料递给医院负责采购的赵主任后，李阳明说："这次我们公司联合美国知名医疗器械厂商，推出了一款理疗椅，可以促进血液循环、矫正脊椎、有效防止椎间盘突出，采用的完全是国际先进技术。"

赵主任："这款产品看起来不错，我们也很需要，就是价格实在是太高了，同类产品××只卖 8 000 元，而你们居然卖到 12 000 元，这相差太多了。"

李阳明："您可能没发现，×× 产品是仿制我们公司产品生产的，在质量和效用上根本就没有保证，也没有经过任何部门检测，这样的产品谁敢用呀！"

赵主任："但我常看到 ×× 产品的广告，却没见你们的产品进行宣传。"

李阳明："我们采用的是直销模式，所以不需要打广告。"

赵主任："直销更应该便宜呀，价格还是太高了，可以降低吗？"

李阳明："那您的理想价格呢？"

赵主任："7 000 元。"

李阳明："……"

在上述对话中，李阳明犯了什么错误呢？就是当客户拿同类产品与你的产品相比较时，销售员不能一味地只说自己的产品如何好，而去贬低同类产品，这样不但不能达到树立自己产品好形象的目的，还会让客户对你的人品产生怀疑进而质疑你的产品，交易也会因此而泡汤。正确的做法是：

李阳明："坦率地说，×× 产品的价格确实比我们的产品低一些。但是我们公司的产品是经过质量认证的，经久耐用。我也曾去看过他们的产品，发现他们的产品是仿制我们公司生产的，在质量上也没有任何认证，使用的时候就会存在隐患，效用也无法和我们公司的产品相比。"

赵主任："但我经常看到 ×× 产品的广告，却没见你们的产品进行宣传。"

李阳明："我们采用的是直销模式，所以没有广告。宣传也是为了把产品的品牌打响，我们公司的产品靠的是质量和先进的技术，而且我们公司的产品比同类产品功能多，能为客户提供更多的服务。如果说宣传，用过我们公司产品的客户都可以是我们公司的宣传代言人。"

赵主任："哦，是这样呀。"

这样的介绍既不会过分贬低对方的产品，又能突出自己产品的优势，客户也不会觉得你是一个夸夸其谈的人。所以，销售员要恰当地拿自己的产品与同类产品相比较，从而让客户看到自己产品的优势，这样才是正确的方法。

销售员要想消除各种竞争产品的影响，就必须首先全面掌握它们的情况。这些情况就是其销售趋势。竞争对手的最新产品型号是否已在市场上站住脚，售后服务和发货速度怎样，有什么促销手段，广告的花费有多大，有何扩销计划，有什么经销习惯，以及产品的真正价格是多少。特别要搞清楚竞争对手的最大弱点。

其实，销售员对于竞争对手的评价，最能反映他的素质和职业操守。销售员应该秉持客观公正的态度评价竞争对手，不隐藏其优势也不夸大其缺点，让客户从你的评价中明白产品的性能，同时还能体现出你的个人修养。

打断客户，将付出高额代价

插话可不是插花，并不会让两个人的交谈变得更顺畅，反而会使谈话陷入胶着状态，甚至升级为"吵架"。

虽然在交谈中每个人都有发言权，但许多人过分相信自己的理解能力和判断能力，经常在别人说到兴头上时随意插话，打断对方，这样的行为有失礼貌，不但搅了对方的兴致，还会阻碍对方的思路，破坏对方的情绪，引起对方的反感。

销售员在与客户交谈时，客户颇有兴致地侃侃而谈，销售员要耐心倾听，切不可随意插话。即使客户说出的观点全部错误，也要等他说完，销售员才能提出反对意见。

约翰·洛克指出："打断别人说话是最无礼的行为。"如果销售员没有意识到这一点，无疑会伤害客户的感情，导致自己失去订单。

一家公司的新办公楼刚刚建成，装潢公司的刘海川听说这个消息以后，便前来拜访。刘海川一见到客户就递出了名片，并介绍了自己公司在室内装潢方面的优势。客户说："虽然我们以前不认识，但通过你刚才的介绍，我了解到你们公司在室内装潢方面独树一帜，有很高的权威性。假如我们公司的办公楼选择让你们公司来装潢，我相信你们能做得很好。但在你来之前，也有一家装潢公司来过我这里，向我介绍了他们公司在装潢方面的优势……"

客户的话还没有说完，刘海川就插话了："您所说的那家装潢公司我也知道，他们公司最近在装潢市场混得风生水起，但实话实说，他们公司的设计太低端了，配不上你们公司的大气。"

这句话不说还好，一说便让客户拿定了主意："不错，他们公司的设计风格的确大多数比较低端，但他们公司现在一直在发展，技术也很先进，出于他们的态度，我还是无法拒绝让他们来装潢。"

就这样，刘海川只好悻悻地离开了。

事后，那个客户与自己的朋友说起这件事："那个销售员根本没有听懂我的意思就把我的话给打断了。本来我是暗示他，他们公司的装潢技术和风格都很好，我有很大的信心让他们来做，但来找我的装潢公司很多，不止一家，我只是想砍砍价，没想到他居然攻击他们的竞争对手，人品太差，我宁愿找另一家也不找他们公司。"

在这个案例中，销售员本来很有希望实现一桩不错的交易，最终却以失败告终。最主要的原因就是销售员过于急躁，不等客户说完话，甚至还没有听懂客户的意思就打断客户的话。

打断客户说话是非常不礼貌的，因此在客户说话时一定要注意以下几点：

（1）不要用毫无关联的话题打断客户讲话。

（2）不要用无意义的评论扰乱客户讲话。

（3）不要抢着替客户说话。

（4）不要急于帮助客户讲完故事。

（5）不要为无关紧要的小事打断客户的正题。

销售员在听客户说话时，如果真有些地方听不懂，或者漏掉一两句，也千万不要在客户说话的过程中突然提出问题，而应该等客户把话说完再提问，比如："很抱歉，刚才那句话您是怎么说的？"

如果客户正在说话，销售员就急不可待地打断客户："等等，您刚才这句话能不能再重复一遍？"客户就会产生被命令或指使的感觉。

有的销售员因为不认同客户所讲的内容，便不假思索地说："这话不应该这样说吧？"有的销售员则是因为不满意客户的意见而急切地提出自己的见解，甚至当客户只是稍微停顿了一下时就抢着说："你要说的是不是这样……"这都是应该避免的。

因此，听人说话，务必有始有终，哪怕十分想要发表自己的观点，也要注意避免插话，在客户说完后再提出自己的见解才能始终保持顺畅的交谈。客户正在饶有兴致地说话，讲到的可能是非常重要的信息，销售员觉得自己有话要讲，就不顾客户的感受贸然插话，不仅会失去获取重要信息的机会，还会让客户很反感，觉得自己没有受到尊重，成交自然毫无希望。

第四章

循循善诱，牵着客户走

巧妙提问，找出客户需求

在营销行为中，出于种种原因，经常会出现客户不愿意主动透露信息的情况，这时如果仅仅靠销售员自问自答，那么这场沟通就会显得非常尴尬和难堪，而且这种缺乏互动的沟通通常都会归于无效。

因此，销售员需要通过适当的提问来引导客户敞开心扉，以获得更多有关客户的信息，更准确地把握客户的实际需求，从而有利于展开有针对性的说服。

懂得巧妙提问题，既可以打破沉默，把谈话导向自己希望的方面上来，还能够让客户感觉到尊重和关切。

道格在做房产推销员期间，有位客户看了几处住宅都不太满意。当他了解到这位客户的父亲年纪比较大，并且有些哮喘时，就对这位客户说："先生，您一定是想找一处周边环境清静、园区绿化又好的房子吧？"

"没错。"

"那您看这个住宅区。它临近市郊，离它不远处就是大片麦田和树林。小区里的绿化非常好，绿植覆盖率达到60%，而且还有个小型的人工湖。虽然与市区有一段距离，但交通很便利，开车不到半小时就能到达市中心。对了，小区里面还建有一家综合性的医院。您看这样的住宅您考虑吗？"

"是吗？当然，我需要的就是这样的房子。"

"您是准备和父母一起住的吧？"

"是的，这样我好照顾他们。"

"这儿有套小型复式公寓非常适合您。老人住在下面，您和夫人、孩子住楼上。您觉得怎么样？"

"是啊，这样是最好的！"

"那我们可以成交了吗？"

当道格拿出购房同意书时，客户毫不犹豫地签了字。

在与客户会晤的初期，销售员就要开始留意整个谈话的微妙氛围和客户有意无意透露的细节问题，只有掌握足够的信息，才可以针对问题提出合理化的意见和建议。因此，在进行销售时，通过巧妙的提问来了解掌握客户的真正需求，必须注意以下几点：

（1）首先要搞清客户有无需求再发问。

重点包括两个方面：一是客户是否真的有这方面的需求，二是客户的需求量是多少。当然，询问客户的需求越全面、越深入越好，这样既能找到那些真正的目标客户，又能发掘那些没有明显意识，但是的确有需求的客户。

（2）了解客户需求的特殊性。

如果销售员发现客户对你的产品或服务感兴趣时，那就一定要抓住机会，进一步探询客户对产品的具体期望。这样，你才能知道如何满足客户的真正需要。如果客户特别强调的某些需求你不能满足，那就应该采取其他方式解决，比如向客户推荐同类产品，或者说服客户放弃某些需求或降低某些要求。

还需要注意的是，在客户购买商品的动机中，不同的客户所关心的要点是不同的。有的客户最关心的是价格，有的客户最关心的是服务，有的客户最关心的是兴趣、爱好，有的客户最关心的是安全。销售员在与客户面谈时，必须千方百计地找出客户最关心的要点。只有这样，销售员的说明才有方向，才能说到客户的心里，打动客户，促使客户产生购买行为。

造个好梦，让客户也沉浸其中

每个人都有梦想和对未来的憧憬，或者叫愿景。这个愿景就是一个人的精神支柱，不管是否能够实现，总会给人带来心理上的动力和心灵上的安慰。不过有些人的梦想并非自觉产生，他们的内心有渴望，但不会轻易说出来，不会直接表现出来。要想说服他们，就需要按照他们的心理需求设计一个愿景，使其内心产生代入感，让对方以此为动力。

愿景故事就是造梦故事，为客户编织一个美好的梦想，可以很好地维持客户忠诚度。如果愿景符合客户的需求，而且与产品高度吻合，客户自然会对产品有更多关注，将自身的希望和愿景投注到产品上。

在构思愿景故事时，需要把握以下两个要素：

（1）客户的需求。

愿景故事不能凭空出现，它不是由销售员主观臆造出来的，而是建立在客户的心理需求基础上的。销售员必须想办法了解自己的客户，探索他们内心的真实需求，从而有的放矢，帮助他们编织一个完美的梦想。一旦这个梦想和产品巧妙结合在一起，客户就会将梦想的实现寄托在购买产品和消费产品上。

（2）愿景的度。

愿景故事是销售员为客户编织的梦想，而不是妄想。因此，一个好的愿景故事应该掌握适度原则，既不能让客户觉得遥不可及、脱离现实，也不能让客户觉得过于简单，不然在其获得满足之后很快就会对产品失去后续的关注。只有确保让客户处在一个想要获得又不能轻易获得的境况中，整个愿景故事才能发挥长久的吸引力，使产品长久保持高销量。

张汉周在大学毕业之后来到一家在线体育用品商店工作，主要工作职责是接听打进来的电话，让客户购买公司最好的产品。这些产品质量好，价格肯定也会更高。当客户打来电话时，张汉周就会给他们阐述优质产品的诸多好处，比如，有客户打电话购买篮球架，他便说："我们的另一款篮球架更耐用，篮板也更宽，质保范围也更广。"虽然付出了几个月的辛苦努力，但是他几乎没有得到订单。后来，他调整了思路，不再跟客户讲述产品的好处，而开始跟他们讲"两条路"的故事。

"这个篮球架挺不错的，想象一下，两年之后，由于您的孩子一直练习篮球，所以他的篮球技术越来越好。不过遗憾的是，家里的篮板太窄了，不能像在学校那样进行擦板投篮，要是把篮球架降低一些，在投篮时很容易把篮板弄坏。在这种情况下，您又得买一个新的篮板，因为篮板的维修不在质保范围内。

"真的很糟心是不是？不过，如果您买另一款篮球架，两年后又会是什么样子呢？您的孩子依然可以在家里练习，因为这款篮球架和学校的一样先进，就算降低篮板进行扣篮，篮球架损坏之后，我们还会免费寄一副新的。假如您之后会一直住在您现在所在的房子里，而且想买一个能够长久使用的篮球架，我推荐您购买这款。"

在使用这种方法之后，张汉周获得的订单数量直线上升。如果愿景故事契合的是客户的利益点，自然能够长久吸引客户的关注。因此，如果客户暂时未能想象到产品给他带来的好处，不妨为他讲述一个具有代入感的愿景故事，使其快速将自己置身于未来的产品情境中不能自拔，从而深深迷恋上产品并迅速购买。

销售工作就是向客户提供足够充分的购买理由，不断挖掘客户的购买需求，使他从"需要产品"转变为"想要产品"，进而转化为购买行为。在这个过程中，通过一定的情景设置可以让产品与客户的情感相结合，从而产生强大的购买推动力。不同的故事可以帮助客户从不同的角度考虑问题，销售员要根据自己对客户的判断讲出适合客户的故事。在这一过程中，故事就是一件说服客户的法宝，可以加深客户对产品的印象，促使其下定决心购买产品。

做销售要善于挖掘客户的隐秘需求，并通过愿景故事的方式激活客户的需求。愿景故事一定要联系实际，不能胡乱臆造，而且要掌握适度原则，不能是太难实现的愿景，也不能过于简单。愿景故事中的客户需求要能够一直存在，从而长久地吸引客户。

讲述故事，客户会更感兴趣

生活离不开故事，人们对故事有着一种天然的好奇和兴趣。但是，并非任何故事都能吸引人。一个好的故事多半是跌宕起伏、扣人心弦的。如果一个故事波澜不惊，那么故事的精彩程度和吸引力就会损失过半。小说和电影中的故事之所以能够使人如痴如醉，情节的承转起伏以及矛盾冲突是一大功臣。没有矛盾冲突的故事并不算是一个好故事，因为它无法吸引听众。在整个故事中，冲突是核心内容，是故事中一个必不可少的要素。

销售员在讲述故事时也应该着重制造冲突，只有这样才能给客户带来情感上的震撼，引起客户的关注。大家都知道，客户通常都希望能够买到物美价廉的产品，而销售员则希望多卖钱，两者之间形成了分歧。在面对这种分歧和冲突时，讲的故事一般有以下两种：

（1）恐怖故事。

这里所说的"恐怖故事"并不是指鬼故事或者血腥的故事，而是指一些低劣产品带来的后遗症。在讲述这种故事时，要重点讲述某些客户购买廉价产品之后遭遇到的惨痛经历和教训。以电热水器为例，在制造冲突时要将价格低廉和质量低劣作为故事的核心点、冲突点。比如："某位消费者在购买某个便宜的热水器以后，在洗澡时突然遇到漏电事故，不幸身亡。"这类恐怖事件会让客户在购买产品的时候变得更加谨慎，放弃便宜货，转而购买销售员推荐的质量更好的产品。

再举一些类似的例子：

"这些药物的疗效确实不错，但实际上有位患者在服用药物后出现了后遗症，长时间走路不协调。"

"化妆品一定不能选便宜的，很多人在使用价格低廉的化妆品后，脸上出现了过敏反应，长出了痘痘，而且一直不消退。"

"恐怖故事"中的冲突往往不符合人们对产品使用价值的预期。没有人愿意出现意外，更不希望自己遭遇意外。一旦把握住客户的这种心理，就可以利用这些故事来打赢这场心理战。

（2）美好故事。

美好故事主要突出的是好产品的功效与价值。一般来说，销售员可以对客户说这样的故事：某位客户在过去的一段时间里一直都在购买一些价格低廉的产品，但始终未见效果，直到他多花了一些钱，购买了一些更好的产品后，发现以前的烦恼慢慢消失了。

前后效果的转变和对比也是一种冲突，将现在与过去对比，着重突出了产品的高质量，就会在心底打动客户，使其追求那些价格更高、质量更好的产品。

苹果公司曾和一家耳机制造公司进行谈判，想要购买对方公司的耳机制造技术。在双方会面时，耳机制造公司的代表对乔布斯说："在过去几十年里，你肯定没有听过好音质的音乐，因为你并不知道什么才是好音质的音乐，现在你该看看我们的产品了，而我的手头也有一大批开始真正享受高音质生活的人。"

乔布斯一下子就被吸引住了，然后双方开始了谈判，而这家公司最终成功出售了自己的耳机制造技术。

冲突之所以重要，是因为它将整个故事变得趣味十足。其实，不管是"恐怖故事"还是美好故事，所追求的都是一种美好生活，都包含了"追寻元素"。在追寻的过程中，设置一些转折和问题，并在故事中圆满解决问题，解决方式便是购买并使用产品，这刚好契合了客户追求美好生活的目标。平淡如白开水的故事流于形式，不能吸引客户，更无法刺激客户的需求。销售员要善于制造冲突，在故事中引用对比、夸张等表现手法，使故事变得激动人心、妙趣横生，客户也就会对销售员的讲述产生兴趣，进而对其产品产生兴趣，并在最后转化为购买行为。

引用权威，让客户更加信服

　　寻求安全感是人的本能，在这个竞争激烈、节奏加快的社会中，世界瞬息万变，人们也变得越来越焦虑。向权威看齐，或许是增加保险系数的一种重要方法，这就是"权威效应"。

　　人们大多认为权威人物的思想、行为和言论是正确的，与他们保持一致会增加安全感，使自己不至于出错。另外，权威人物一般是被社会广泛认可的，按照权威人物的行为规范去做，同样比较容易得到社会各方面的认可。

　　李海是一家营销公司的业务员，主要负责向客户做付费网络推广。有一次，他按照公司提供的客户名单给一位公司老总打电话，还没说几句话，老总就说不需要推广。李海又了解了一下，这家公司平时并未对网络推广有足够的重视，于是李海在网上根据这家公司的关键词进行查找，发现根本无法搜到这家公司，然而该公司的一个同行业企业在三大门户网站上都做了推广。

　　第二天，李海再一次拨通了那位老总的电话，但并没有跟他提推广，而是问："××公司是你们的同行吗？我发现这家公司在三大门户网站上都做了推广……"老总一声不吭地听完了李海的讲述，然后试探性地问道："哦，是吗？他们都在做网络推广？那像他们那样做一下要多少钱？"

李海知道这单生意马上就要成功了，因为他还没说什么，客户就主动问起价钱了。然后，李海根据客户公司情况做了一个推广套餐的推荐，一个单子就这样签下来了。

"权威效应"是一种借力之举，但在运用时不可弄虚作假，而应实事求是，虚假的权威终究会被戳穿。

人都有寻求安全的心理，要想打消客户的疑虑，必须使其内心的安全感爆棚。借助权威效应，包括专家、专业机构、领导和其他客户的反馈来向客户证明购买产品不会有后顾之忧，客户的心理安全需求得到满足，自然会产生购买行为。

因此，"权威效应"可以形成一股强大的影响力，只要善于利用这种效应，便可对其他人的行为和心理产生重大影响。很多商家在销售活动中就经常应用"权威效应"，比如在做广告时聘请知名人士做代言人，或者让有影响力的权威机构进行认证，证明自己的产品质量有多好。销售员在向客户推销产品时也可以应用"权威效应"，巧妙运用权威的引导力，将对销售活动起到极大的促进作用。

"权威效应"在销售活动中的具体表现形式主要有以下几种：

（1）明星效应。

如果产品有明星代言，在与客户沟通时可以着重强调这一点，利用明星的光环效应增强自己的说服力。当然，产品的质量和效果必须确实得到了认可，谨防明星代言虚假广告。

（2）专家效应。

销售员可以有效地借助业内专家的话或者借用专业资料里的内容，证实自己所说的内容并非只是个人观点，而是业内共识，并且得到了专家的肯定。

（3）职位效应。

当在销售过程中遇到难题时，可以请区域经理或者店长来协助，因为他们的资格为其赋予了更加可信的说服力，往往很容易解决一些难题。比如，当客户要求更大的折扣时，销售员可以通过请示领导来向客户表明，客户的要求确实无法满足，而且区域经理等领导也要以肯定的口吻告诉客户没有更大折扣，客户一般也就不再纠缠了。

（4）客户效应。

客户对产品的使用体验和感受也对其他客户具有说服力，虽然这些客户不一定是知名人士，但其影响力也不容小觑。只要销售员能说出客户在哪儿，对其他客户来说也有一定的说服力。比如："我们附近某个酒店的老板经常买我们的产品，反馈不错。"这样的信息会增加产品和品牌的可靠性。

强调好处，挖出客户潜在需求

　　有时被客户拒绝的原因并非客户没有需求，而是需求不够强烈。需求就隐藏在客户的内心深处，需要销售员挖掘出来。其中有一个方法十分有效，那就是强调客户的问题、凸显客户的问题。

　　有这样一首诗：

　　缺少一个钉子，就会掉了一个马蹄铁；

　　缺少一个马蹄铁，就会影响一匹战马奔跑的速度；

　　战马跑不快，就会耽误一个情报；

　　缺少一个情报，就会输掉一场战斗；

　　战斗一旦失利，就会输掉整个战争；

　　战争失败之后，国家就会随之灭亡；

　　而这一切，仅仅是因为马蹄铁少了一个钉子。

　　这首诗就是强调或者放大问题的典型。对客户来说，掏钱是一件痛苦的事情，所以拒绝就成了习惯。为了改变客户的行为习惯，就需要改变他的心态，强调不购买某件产品带来的问题，然后再强调客户购买这件产品的好处，客户就会做出购买的决定。

保险代理商伊德·伊尔曼前往客户公司推销企业意外险，不过客户以正在忙为由拒绝了他。伊德·伊尔曼毫不气馁，他知道自己必须找到客户心中亟须解决的困惑。

他经过仔细调查后发现，客户的公司曾经因为仓库失火损失达50万美元。在得知这一点以后，伊德·伊尔曼再次找到客户。

客户当然还是拒绝，但伊德·伊尔曼严肃地对客户说："我知道您很忙，但我希望您能给我5分钟的时间。"

客户同意了。

伊德·伊尔曼直接进入正题："先生，我不会勉强您在今天迅速做出一项重大决定，但我觉得最好找到一个解决办法。我向您提出两条建议，这是两种选择，您看哪一种更适合您：第一种是您同意购买3 000美元的意外险，当然，这可能买得没有必要，您的公司在未来可能不会发生任何意外。大家都不想犯哪怕是1美元的错误。第二种选择是您不做选择，不购买3 000美元的意外险，这样就能为公司节约3 000美元。但您想过没有，如果您的仓库发生火灾等意外，或者员工发生意外事故需要赔偿，您的公司可能面临50万美元的损失。您的公司正在发展的关键时刻，3 000美元的投资还是能够承受得起的，但您肯定不想损失50万美元吧，而且做出改变非常简单，您觉得呢？"

　　客户一直在认真听伊德·伊尔曼讲话并思索着，当伊德·伊尔曼说完以后很快就同意了购买3 000美元的意外险。

　　在这个案例中，客户面临着两种选择：一种选择能够得到潜在的利益，而另一种选择却意味着很大的风险，不购买保险将自担风险和损失。权衡利弊之后，客户当然会选择规避痛苦而投保了。

　　如果销售员能让客户明白，不购买产品、不解决问题将来会给他造成多大的痛苦，他就会很乐意完成交易。一般来说，销售员越能放大客户的痛苦，客户就越会视其为顾问或救星，他会觉得销售员的来访是在帮助他解决问题。

　　当然，销售员只有在与客户建立友谊和信任的基础上，才会听到客户说出自己的难题，而且在扩大客户痛苦之前，首先要明白自己的产品或服务究竟能帮助客户解决什么问题或达成什么目标。

　　把好处说够，把问题说透，让客户知道不购买产品的后果和风险，并让其知道购买产品的好处，两相比较，客户肯定会为了规避问题和风险而购买产品。一般而言，强调问题越深刻，客户购买产品的意愿就越强烈。

数据为王，用事实说明产品

能言善谈，口吐莲花，效果并不一定出彩，朴素的数据可能更有说服人的魔力。

人是理性的，罗列数据进行理性分析，往往比充满感情的号召和推荐更能深入人心。数据，尤其是精确的数据，就像是沟通的桥梁，能起到四两拨千斤的效果。

销售员在销售过程中经常会用到一些突出产品功效和销售量等的数据，以此来突出产品质量和在客户中的受欢迎程度；而客户在面对这些具体数字时，很容易就被数据所吸引，从而对商品产生信赖感。比如"××奶茶，一年销售7亿杯，围起来可以绕地球两圈""该沐浴露经过科学验证，连续使用28天即可使肌肤光滑如初""因为使用我们的系统软件，这家企业的运营成本减少了10%"等等。这些广告语或者推荐语使用了精确的数字，能够很快吸引客户的注意，使客户信服。

陈锐是一名食品公司的销售员，口才出众，而且擅长与人交往，与新老客户都能相谈甚欢，关系融洽。

有一次，陈锐与一位老客户约好，要去客户家里推销公司新出的一批产品。但他后来一想，现在竞争对手这么多，产品质量几乎没有什么大的差异，市场状况不同以往了，如果还是按照以前那样靠交情维系生意，恐怕就悬了。

因此，陈锐换了一个办法，并为此做了精心的准备。一见到客户他就开门见山地说道："你好，老朋友！我又来啦。我这次给您带来一个好消息，我现在手头上有一笔大生意，能够让您净赚50万元，怎么样？有没有兴趣？"

老客户一听，当然来了兴致，忙催促他快说。

陈锐笑着说："我做了一番精确的市场调查，由于年前猪肉的价格上涨，肉罐头和其他加工食品肯定也要价格上涨，估计至少上涨20%。按照你们的实力，这类商品在今年能出售多少呢？我来一一告诉您……"

陈锐一边说一边把数据逐一写下来，并让老客户看明白。就这样，陈锐再一次得到老客户的支持，拿到了一张大订单。

陈锐之所以能够利用数据取得老客户的信任，这跟他平时的习惯不无关系。他对每一位客户的经营项目都非常熟悉，对行业的市场行情也了然于胸，因此能够很快预测出当年的数据并合理分析，使客户信服。老客户信任陈锐，因为数字一般不会撒谎，他相信这些数字可以帮助自己做出正确的选择。

在销售的过程中，如果销售员能适时地列举一些详细、精准、恰当的数字，帮助客户做出最有利的选择，那么客户就会看到你的专业性和权威性，从而更加依赖你，甚至会主动加强与你的联系。

使用数据虽然很有效，但也要注意方法，数据使用不当也会带来极为不利的后果。在使用数据时需要注意以下问题：

（1）数据要及时更新。

数据是为产品信息服务的，如果数据失去了时效性，来源不清楚，或者与当前的市场状况不匹配，客户不仅不会被说服，反而会对销售员起疑心，更加不信任销售员。因此，销售员要时刻了解客户所在行业的市场动态，随着市场的不断变化要及时地更新数据，尽可能为客户提供最新的信息。

（2）不要一味地罗列数据。

尽管使用精确的数据可以加深客户对产品的印象，使产品阐述更有说服力，但如果一味使用数据，可能会起到反作用，会让客户觉得很单调，甚至会让客户认为销售员是在卖弄自己的能力，给其留下华而不实的感觉。

（3）运用数据要选好时机。

时机的选择也很重要，选择好运用数据的时机可以让数据更有说服力。比如，当客户对产品的功能产生异议时，销售员便可以列举出产品功能方面的数据，向其证明产品功能的独特优势。

描绘画面，激发客户的想象力

人是具有想象力的动物，对一件事物的憧憬和美好想象，会极大地刺激人们想要去拥有那件事物。乔·吉拉德说过一句话："感觉听起来抽象，却是征服客户的强心针。"销售员在与客户沟通时，若能形象地描绘拥有产品之后的画面，充分调动客户的想象力，会让客户对产品的印象非常深刻，理解得也更为透彻。

人的想象力非常惊人，而且不同的人对同一个事物也会有不同的看法。因此，销售员要运用专业和形象的语言为客户的想象力铺平道路，发展客户的想象空间，引导客户朝着自己设定的方向想象，从而达到销售目的。

生动形象的描述比干巴巴的介绍要有效得多，客户听了销售员的动人描述，便会对未来怀有憧憬，开始想象拥有产品的幸福和快乐。

客户在听销售员讲述时，他们更需要的是一些能够刺激想象力的画面，这些画面具有极强的故事性。比如，两家汽车制造商在为客户讲述汽车的销售量时分别是这样说的：

汽车制造商 A 说："我们卖了几千万辆汽车了，其中一辆汽车曾经跑了 480 万公里。"

汽车制造商 B 说："我们销售的汽车摆出来可以绕地球一圈了，其中一辆汽车所跑的行程加起来可以绕地球 120 圈。"

其实这两家汽车制造商阐述的内容差别不大，不管是数量和质量都相差无几，但汽车制造商 B 所说的内容拥有更丰富的故事感和画面感，容易给客户带来更形象、更深刻的印象。

再比如，销售员销售跑步机时可以这样说：

"早上起床之后，您伸了一个懒腰，穿上休闲装和运动鞋，走到窗前呼吸新鲜空气。天气很好，阳光明媚，您踏上跑步机，轻松舒畅地开始跑步，速度由慢到快，渐渐地，您的身上开始出汗。您知道锻炼的时间已经够了，便走下跑步机，来到卫生间洗漱，梳洗整齐，穿上刚刚购买的衣服，信心百倍、神清气爽地去公司上班，开始了一天的工作。"

销售员所说的都是让人心情愉悦的画面，跑步机嵌入这个场景中，本身也被渲染上一层开心快乐的氛围，贴上明显的心情标签。在客户的美好想象下，他怎能不为拥有一个带来如此好心情的跑步机而心动呢？

画面一般要比单纯地描述拥有更强大的吸引力，销售员要掌握一定的技巧，将语言转化为相应的画面。

两家球鞋专卖店位置非常接近，相互视为竞争对手。不过

A专卖店比B专卖店的销量要好一些。

有一次，这两家专卖店都要上新鞋，为了推广自己的新产品，两家专卖店用了不同的手段。

A专卖店贴出了一张统计表，上面是过去5年专卖店的销售数量，它们分别是5 000双鞋、8 000双鞋、12 000双鞋、17 000双鞋和23 000双鞋。

B专卖店也不甘示弱，不过它没有贴出数据，而是贴出了5张照片，分别是2013年到2017年新鞋发布时，客户在店外排长队的情景。排队的人数随着时间的变化不断增加，场面越来越震撼。

由于两家专卖店位置很近，结果本来去A专卖店的客户也被B专卖店的海报吸引，转而去那里购物了。

客户之所以更喜欢去B专卖店，很大程度上就在于数据与画面的对比。干巴巴的数字无法像画面那样展现出十足的吸引力和震撼力。画面带给人的冲击比数据大得多，就算数据非常惊人，但在看过数据和画面的人中，多数人仍旧对画面中呈现的内容有着更为深刻的印象。

数据体现的是一种更为严谨的标准和提示，而画面则代表了一种故事性。画面中的人们在排队购物，这本身就是一个好的故事素材，消费者可以从这个故事中直观感受到B专卖店的产品畅销。

那么，如何把数据变成画面、突出其故事感呢？

（1）转变展示方法。

要想向客户展示自己的产品和业务，单纯列举数字并不十分有效，因为人们对数字并没有什么太大的概念。销售员可以用文字表述、图像展示、视频播放、故事宣传等方式讲述自己的产品和业务，而一般影像和故事的画面感更强烈，对客户有着更强烈的触动。

（2）直接换算。

直接换算指的是将那些抽象的数字转化为更有趣的表达方式。

华盛顿有一家老牌餐厅，营业时间接近90年，从20世纪二三十年代美国经济危机期间开始营业，一直到现在仍有着不俗的业绩。

老板在一次动员大会上询问员工："如果要利用咱们的优势来招揽客户，应该如何做呢？"

员工们商量了一下，然后回答道："先生，我们餐厅拥有差不多90年历史了……"

老板摇摇头，说："不，你们应该这么说：'有一天，我们餐厅迎来了一位重量级客户，那就是著名作家海明威，后来他时常来此进餐……'"

员工和老板其实都讲述了同一个事实，即餐厅的历史底蕴，但直接说"我们餐厅拥有差不多90年的历史"显然没有"著名作家海明威在餐厅就餐"更有意义。转换了时间表达方式之后，故事性更强，历史感更加厚重，对客户的吸引力就大为提升。

要想真正说服客户，要想真正让客户购买自己的产品，就必须打造一个更加立体、生动的画面，而这些画面恰恰是提升销量的关键。画面拥有更强的故事性，能够迅速吸引客户关注，使其直观感受到产品或服务的特色和优势。因此，销售员要懂得转变展示产品的方式，将单一的描述锦上添花，变成有趣的故事。

人都有感性的一面，人们都会不自觉地憧憬美好。销售员如果能充分调动客户的想象力，使客户进入对产品的美好想象中，客户对产品的抵抗力便不复存在了，购买产品也成了顺理成章的事情。

第五章

讨价还价，贵要有贵的道理

择时报价，找对报价时机

在销售中，客户最为关心的问题就是价格。如何报价，就成了决定我们销售成败的关键。

如果你冒失地在还没谈妥细节前就报价，很有可能给客户带来心理压力，降低客户的购买热情；而如果你没有发现客户的成交信号，贻误了报价的最佳时机，也会失去成交的机会。所以，作为销售员，要学会适时地报出合适的产品价格，才能让生意顺利成交。请看下面这位销售新人是如何为他的产品报价的。

销售员："我们的产品是采用特殊材料，经过高新技术加工而成的，每平方米50元。"

客户："50元，是不是有点贵了？能不能便宜一点，40元怎么样？"

销售员："不能再降了，已经很低了。"

客户："怎么不能降啊？难道一点儿缓和的余地都没有吗？"

销售员："不行，现在真的是最低价格了，再降连成本都没办法收回来。"

客户："那算了，我不要了。"

因为价格没有回旋的余地，这位"无辜"的销售新人惹恼了客户。如果换成是经验老到的销售员，还是这个价格，说不定就可以顺利成交。

销售员："我们的产品每平方米60元。"

客户："太贵了，便宜一点吧。"

销售员："我们的价格确实已经很低了，那您觉得什么价位合适呢？"

客户："能不能再便宜10元？"

销售员："这样吧，咱们折中一下，都让一步，55元。"

客户："5元太少了，便宜10元我就要了。"

销售员："那好吧，我们就照顾您一下。希望我们还会有更多的合作机会。"

还是50元，既让客户觉得自己是胜利者，又为以后的长期合作打下了基础，一举两得。

某电子公司的销售员，向一位大客户销售高新电子设备。寒暄之后，销售员开始向客户介绍产品的各项性能。

客户："这产品看起来造型美观，很有艺术感，不知道性能怎么样啊？"

销售员："我要是说性能好，空口无凭，您肯定不信。明天有时间吗？亲眼看一下，亲自试一下，您就知道了。"

客户："好吧。"

第二天，客户来到销售员的公司，对产品的性能非常满意。销售员不失时机地说道："我们的产品在上市之前就已经经过了很多项实验，并通过了国际质量体系认证，有任何质量问题我们都会派专业人士上门维修。"

"嗯，不错。"客户的购买意向已经很明显了。

"您也知道一分价钱一分货，这是我们的报价单，您看一下。"销售员接着说。

客户看完之后，和销售员经过了一番交涉，最终订下了这款产品。

销售员在向客户报价之前，为他介绍了很多关于产品性能方面的信息，让他的需求心理获得了满足，为最后的成功交易做好了铺垫。

报价是个技术活儿，销售员需要多学习、多摸索、多总结。

（1）在报价之前，搞清客户的身份。

在销售中，我们会遇到各种客户，不同的客户拥有不同的心态，也会有不同的购买心理。因此，销售员在报价之前，首先要了解客户是属于哪种类型，然后才能决定如何为客户报价。

①购买动机不明确的客户。

此类客户大多对产品不太了解。对于这样的客户，销售员不能开始就报价，而是要先对他们进行产品宣传，让他们对产品的各项性能了解之后，并有了购买意向时，再为他们报出价格。

②有意向购买产品的客户。

这类客户大多在购买之前已经对产品有了一定的了解，并有了明确的购买目标和方向。如果他问你价格，你报出的价格比真实的稍高点也没关系。

③业内的客户。

这类客户对产品和行情相当熟悉，所以没必要向他们多介绍什么。在他们问价时，直接报实价就可以了。

（2）报价的"黄金时机"。

选择一个最佳的报价时机，对于销售员来说是非常重要的，我们通常称这个时机为"黄金时机"。在"黄金时机"报价，通常会取得很大的成功。那么，什么样的时机才算是"黄金时机"呢？

那就是：已向客户进行过产品宣传之时；确定客户对产品有了透彻的认识之时；客户对产品产生了购买欲望之时。

请记住：把握适当的报价时机，也就获得了成交的机会，找准客户的心理价位，就能锁定这单生意。

摸透客户，再出手报价

到了报价阶段，成败在此一举。尽管前期沟通顺利，但如果销售员报价时出现偏差，就很有可能将之前的努力白白浪费。第一次报价时价格不能过高，否则客户很有可能不给你第二次报价的机会。

这就需要销售员在报价之前先摸透客户的心理价位，找到客户的底线，否则会将客户吓住，使其不敢再与你打交道。比如，客户的心理价位是 1 万元，而你直接报价 5 万元甚至 8 万元，就算能议价，客户也看不到什么希望，就会直接失去和你继续洽谈的信心。

有人可能会说，可以继续跟进客户，告诉他第一次报价虽然很高，但最终成交价会很低。但这样做只会让客户心生疑惑，认为产品的价格虚高，报价可以直降，说明利润空间肯定非常大。

客户这种思维一旦成形，就会对销售员及其公司产生不信任，并不断试探和挖掘产品的价格底线，哪怕将产品的利润空间完全吞噬，仍然会觉得自己吃亏，还可能在后期合作中寻求补偿。

在实际销售活动中这样的情况比比皆是，根本原因就在于销售员第一次报价太草率，后期就只能被客户牵着鼻子走。那么该如何稳妥报价呢？

（1）报价前先介绍产品优势。

销售员在销售工作中不要急着报价，在正式报价前要争取先向客户介绍产品的优势，一来可以让客户更好地了解产品，二来也能为正式报价做铺垫，打好基础。销售员可以通过介绍产品来延长沟通的时间，从而更进一步地了解客户需求，并制定出更有针对性的价格。

（2）当客户直接询问价格时，给他两个报价。

有时可能会遇到比较棘手的情况，某些客户根本不会给销售员拖延时间的机会，而是直截了当地询问产品价格。遇到这种情况该如何报价呢？答案是立即给客户两个报价：一个是相比同行业市场平均价而言的超低价格。销售员可以告诉客户，公司推出的某款产品正在开展优惠促销活动，主要是为了提高市场占有率，这种产品没有特殊功能，只是满足大众基本需求。另外一个价格是正常价格，稍微低于公司规定的统一报价，但比公司规定的最低成交价稍高；同时，稍低于同行业的平均报价，但比同行业的平均成交价稍高。销售员可以告诉客户，这个价格是主推产品的市场价格，主推产品的功能比较强大，能够满足较高需求。

　　这两个报价能够最大限度地获得客户的初步认可。通过超低报价，用价格优惠的产品提醒客户，自己的产品有着强大的市场竞争力；通过正常价格，用中高端产品提醒客户，中高端客户也可以通过购买产品满足自身需求。

　　因此，不管客户是哪种类型，这种报价都能在客户心里留下印象，方便客户了解自己的需求，找准产品定位，从而为成交打下基础。

　　第一次报价切不可草率，要先掌握客户的心理价位和底线，通过介绍产品优势拖延时间，以寻找机会获取更多客户信息，从而能报出更有针对性的价格。即便客户直接询问报价，销售员也不要单一报价，而是要报出超低价格和正常价格，满足客户的不同需求。

不露声色，让客户先报价

价格问题永远是销售过程中绕不过去的一个难题，一般来说，谁先报价，往往就比较容易丧失价格主动权。如果销售员先报出价格，在接下来的过程中，其与客户就价格所进行的谈判只能在某个限定的范围内上下浮动，客户不可能超出这一范围买下产品。可见，先报价就会损害自己的利益。

假如客户在行业内经验丰富，对产品了如指掌，销售员一旦先报价，价格很有可能会引起客户的不满，这就容易导致谈判陷入僵局，甚至谈判中断。因此，销售员不妨尝试让客户先报价。

一位美丽的姑娘走进某时装店，一进门就将眼光投向一件裙子上。这时，导购员何梅迎了上来。

何梅微笑着说："您好，美女，一看您的眼光就不错，这款裙子是我们店里的主打款，前几天刚进的货，不管是面料还是颜色，都是最时髦的。"

客户问："这是什么面料的？"

何梅回答："这是丝质的，穿起来又透气又舒服，还不起静电。如果您喜欢可以试穿一下。"

客户想了想，最终还是试穿了一下。客户试过裙子之后，何梅对她说："看，您本来就很苗条，穿上这件裙子就更显得您的身材好了，走在街上肯定会收获非常高的回头率。"

客户问："这条裙子多少钱？"

何梅说："499 元。"

客户小声叹道："这么贵！我实在接受不了这个价格。"

何梅又找出很多夸赞她的话："对于这样的面料来说，这个价格还是比较划算的。看得出来您很喜欢，而且这条裙子也很适合您，如果您穿上它，一定会让其他女孩子羡慕不已。您一看就是一个对生活质量要求很高的人，一定知道我们店的服装是出口到国外的……"

客户仍然抱怨道："不过我还是觉得这个价格有点儿高。"

何梅又换了一种思路："这件裙子非常受欢迎，但是因为数量有限，我只推荐给那些穿起来非常合适的人。昨天就有一个女孩想要买下来，出价 400 元，我就是没卖给她。这样吧，您给出个价，看看您想多少钱买下来。"

客户说："400 元也不卖？"

何梅说："对，这个价格都接近我们的成本价了。"

客户考虑了一下，然后说："450 元吧，咱们也别在价格上面争来争去了。"

何梅叹了一口气，有些不情愿地说道："好吧，我帮您装起来，希望您以后能推荐其他朋友到我们店里购买衣服。"

这个案例中的导购员之所以能将裙子卖出去，是因为她在恰当的时机给了客户出价的权利，让客户觉得获得一定的决策权，从而产生一定的心理优势，销售自然就容易进行下去了。

然而，很多销售员为了一次性赚取更多利润，总是不肯做出让步，自己牢牢把控出价权，不给客户任何决定的余地。由于客户一直处于被动地位，购买心理会在一定程度上受到限制，很可能会因此而转身离开，导致客户流失，使销售工作陷入失败境地。因此，在进行销售工作时，销售员一定要给客户一定的价格决定空间，在适当的时候让客户出价。

让客户出价，我们要注意哪些问题呢？

（1）了解客户各方面的购买情况。

客户的购买情况包括客户的身份、购买能力以及购买意向等。如果是新客户，要深入了解他们的购买情况确实有些难度，但还是可以通过一些外在的因素观察出来的，比如客户的外表、表情、眼神、动作、言语等。这就要求销售员善于观察，密切注意客户的一举一动，从中获悉其身份、购买产品的意向等，以此来决定何时让客户出价。

（2）给客户一个价格区间。

在购买产品时，客户肯定希望购买物美价廉的产品，因此销售员要先让客户认识到商品的价值，然后让客户在此基础上出价，避免出价太低而导致销售利润过低。

不管客户是业内人士还是业外人士，销售员都要给客户一个大致的出价范围。这个出价范围并不是一个简单的数字区间，而是销售员通过向客户介绍产品的相关情况，将产品价格划入一个稳妥的价格圈，让这个价格圈成为客户衡量产品价格的参考。这样一来，客户不管如何出价都会受到价格圈的影响，给出的价格也会相对合理。

当然，如果对方是老客户，双方有长期的业务往来，而且合作关系也很融洽，谁先报价都是可行的。

先报价容易使自己陷入不利境地，所以销售员可以在详细了解客户购买情况的基础上把出价权让给客户，满足客户的决策需求，客户成交的心理意愿就会增强。但同时也要给出一个合理的价格区间，使客户无论如何都能在合理范围内出价。

高质高价，好东西可不便宜

人人都知道，天下没有免费的午餐，一分钱一分货。但是，人们往往希望买到价廉物美的商品。在这种心理的驱动下，客户总嫌价格高，总图便宜。这时候，就需要销售员适时进行提醒。

很多时候会出现这样的情况，两家产品差不多，但价钱不一样。在这样的情况下，客户肯定会问销售员原因："那家产品和你们的差不多，但价钱比你们的便宜多了。"你应该如何回答呢？

其实，在相似品牌的产品之间进行比较，客户考虑更多的并不是那几十元的差价，而是多付出的钱是否值得。只要商品的品质好，相当多的客户还是愿意多花点钱的。所以，销售员在听到客户说其他品牌的同类产品价格比较低的时候，千万不要丧失信心。要知道，产品的比较并不单单是价格的比较，更重要的是品质与服务的比较。关键是如何找到自己产品的优点，并让客户相信和接受。

"是的，这两个品牌确实在风格和款式上比较接近，很多客户也提到过这个问题。但是，经过比较，大部分客户还是会选择我们的产品。要知道，一分钱一分货，既然贵，那么肯定有贵的道理，您可以自己来感受一下，它的……（把自己品牌的卖点说出来）"

其实，在客户用你的产品与其他产品做比较的时候，也是销售员展示专业说服力的时候，一旦把握得当，客户就很容易被你说服。销售员在回答客户疑问的时候，首先可以感谢客户的善意提醒，将客户拉向自己一方，简单地告诉客户自己的产品与其他产品的差异。其次引导客户感受一下自己的产品。以下的回答可以作为参考："谢谢您的提醒。是的，现在市场上很多厂家都在模仿我们这种款式。但是，您只要仔细观察一下，还是可以看出差别的，比方说……您再看看这里……是不是不一样？东西虽然贵点，但时间用得长久一些，不是更划算吗？"

客户都喜欢价廉物美的商品，对于打折的商品格外青睐。其实，销售员都非常清楚，过季打折的商品往往货品不全，由于存放时间长，款式往往也不够时尚。销售员将这些问题向客户说明白，可以促使客户做出购买行为。如果客户确实想购买打折产品，销售员也要认同客户的消费观念，然后请求客户留下电话，以便到打折的时候通知他。

总喜欢以最低的价钱买到最好的产品，这是人之常情。但是，客户的很多购买行为是随机的。所以，销售员不要等着客户自己做决定，而是要帮助客户做决定。

面对以上问题，销售员可以尝试这样应对：

"很多客户都非常关心这个问题，但好的商品一般是不会打折的，不是吗？一般来说，只有商品积压过多的时候才会打折。所以，具体什么时候打折是不一定的。我们的产品比较受欢迎，很少出现打折现象。要知道，好东西是不等人的啊！如果您觉得这个产品很适合您，我建议您现在买下来，以免造成遗憾，您说对吗？"

价值至上，让客户觉得物有所值

在每次销售活动当中，几乎都不可避免地存在着有关价格问题的争议，客户经常会不厌其烦地与你讨价还价。例如：

"价格太高了，我们根本就买不起……"

"太贵了，一点儿都不划算……"

"我看到某公司的宣传单上写的价格比你们的要便宜很多……"

"如果价格能够再低一些，或许我会考虑购买……"

可以说，很多时候客户提出的诸多反对意见，几乎都是为了能更多地压低产品价格而进行的。由于价格问题直接涉及买卖双方的利益，讨价还价的过程很有可能影响客户的购买欲望，甚至决定销售活动的成功与否。所以，销售员应该掌握些讨价还价的策略和技巧。

讨价还价是消费者常有的一种心理，为的是求得某种心理平衡。只有当客户的心理找到了平衡点，才会最终做出购买的决定。其实，"便宜"和"贵"都是相对来说的。作为销售员，要学会做价格分析，要让客户了解你所提供的价格里面具体包括了什么。让客户把关注的焦点从价格问题转移到他们更感兴趣的产品价值身上，让他们觉得物超所值，就会成交。

具体的实施过程中，销售员可以采取积极询问、引导式的说明或者相应的产品演示等方法。如下例所示：

客户："某公司的复印机比你们的价格要便宜不少，看起来差别也并不是很大，所以我们还需要再考虑一下……"

推销员："我知道您说的那家公司，他们的产品我们也测试过，不知道您有没有试用过我们的产品呢？"

客户："用过了，但是我感觉他们的复印机功能更多，可以……"

推销员："我们公司也有与他们的产品功能相同的产品，不过我觉得这些功能是针对更加专业的使用者开发的，普通用户在平常很少会用到。而贵公司的复印机平常都是用于一些基本的印制，再加上使用强度大，我更推荐这款速度更快、质量过硬的复印机……"

客户："是这样啊，那我再考虑考虑……"

在这里，销售员把难以解决的价格问题转移到了比较容易解决的质量与性能问题上，从而使客户的购买心理发生变化，不失为一种很好的销售策略。

谈判是销售员与客户之间的一场心理博弈，在保证自身利益的同时，又使客户能够接受，需要销售员具有高超的谈判技巧，通过各种心理攻势来俘获客户。

当客户对产品的价格感到不满时，销售员可以引导客户说出他们认为比较合理的预期价格，然后针对产品价格与客户预期价格的差额对客户进行有效的说服。采用这种方法最大的好处是，一旦确定了价格差额，商谈的焦点问题就不再是庞大的价格总额了，而只是区区小数额的差价，这时，销售员如果能进一步说明产品的价值，把客户的注意力吸引到产品的价值上，客户可能就不会过于坚持了。

在处理价格这个问题上，销售员除了要懂得价值和价格之间的关系，还要学会一些关于价格谈判的小技巧，让客户觉得销售员所说的价格是合理的或者利润是客观的。

坚定立场，用沉默代替反驳

销售员都想利用自己的口才说服客户，希望在最短的时间内达到自己的目的。因此，多半情况下，销售员都会口若悬河、妙语连珠，总希望自己能让客户心服口服，但交易结果往往令人失望，与沟通中气势如虹的表现不相匹配。可见，在具体销售中，说得多少不一定与销售成果成正比，有时甚至可以说是"多说无益"。而实际上，如果懂得适时沉默，可能会有不同的效果。这也就是人们常说的"留白"。

大型货车销售员李凯去拜访一位曾购买过他们公司汽车的客户。刚一见面，李凯习惯性地先递上了自己的名片："您好，我是汽车公司的销售员，我叫李凯……"他还没有说完，客户就十分生气地打断了他的话，然后开始抱怨当初买车时遇到的各种问题，比如服务态度不好、价格虚高、内装及配备不实、交接车时间太久等。客户一直喋喋不休地数落着李凯所在的公司和当初向他售卖汽车的销售员，李凯则十分安静地站在一旁，并不着急辩解，而是耐心地等待，一句话也没有说。

最后，客户终于把怨气发泄完了，这才想起李凯，他觉得李凯有些陌生，便不好意思地对李凯说："小伙子，你贵姓呀，现在有没有好一点儿的车型？我看一看产品目录吧。"

在接下来的交流中，客户说出了态度转变的实情："我看你非常实在，能听我这么多的抱怨，有诚意，很尊重我，我决定买车。"

当李凯走出客户的办公室时，已经兴奋得几乎要大喊出来，因为他手上拿着两台大型货车的订单。

其实，从李凯拿出产品目录到客户决定购买货车，整个过程中，李凯说的话加起来都不超过十句，大型货车的交易成功还是由那位客户提出来的。客户的一句"我看你非常实在，能听我这么多的抱怨，有诚意，很尊重我，我决定买车"才是整个销售过程的转机。销售员要学会克制自己想要说话的冲动，即使是在客户抱怨或者是说得不对的时候，适时的沉默有时候可以达到以静制动、以柔克刚的效果。

销售本身打的就是一场心理战，在没弄清对方的意图前不要轻易地表态。因为沉默不仅能够迫使对方让步，还能最大限度地隐藏自己的底牌。一般来说，买卖双方在内心都有自己理想的成交方式，即使对同一个问题，一般也总会有两种解决方案，即你的方案和对方的方案。你的方案是已知的，如果你不清楚对方的方案，则务必设法了解到对方的方案，再做出下一步的行动。

《道德经》中有这样一句话："虚而不屈，动而愈出。"这句话告诫人们要学会"抱朴守拙"，以观其动，只有把激烈的情绪平复下去，以一种清静、冷静的心态敏锐地观察事物的运动变化，才能抓住突破口，迅速攻击，克敌制胜。这句话同样适用于销售。

那么，在运用"沉默"这种销售语言的时候，该注意些什么呢？

（1）意志坚定，坚持自己的立场。

销售中经常会遇到这样一些难以搞定的客户，他们对产品显示出一副可买可不买的态度，而对销售员报出的价格也是不置可否，甚至表明自己和目前的供应商合作愉快，不需要更换合作方。面对这种情况，一些销售经验尚浅的销售员就会站不住立场，做出让步；也有一些销售员则轻信了他们的话，失掉了这笔生意。

事实上，客户这么说只不过是想退一步，进而了解你的底线。所以，无论出现何种情况，你都应该再坚持一下，这不会给你带来什么损失。就在你即将放弃的前一秒，通常他们会问："你的最低价格是多少？"这才是他们的本质意图，在这之前复杂的铺垫就是为了这句话。

（2）要沉默有度，不能失掉生意。

一个在销售中一语不发的人怎么可能达成交易？和客户比耐心固然没错，但一旦客户做出一些合理的让步，如"好吧，我再让步 5%，这是最后的让步，如果你不同意，那么现在就终止谈判"。这时销售员就要识时务，做出回应。如果继续沉默，那么很可能会让客户觉得你已经无意于这笔交易了。

总之，在销售中，不要误以为滔滔不绝才能显示自己的语言水平，适时地沉默，引导对方，往往可以一种特殊的心理状态攻破对手的心理防线，成功达到销售目的。

第六章

一锤定音，帮客户下定决心

打消疑虑，顺利签单

对于销售员来说，信任的达成是销售成功最为关键的一步。通常情况下，客户对那些说话言辞中肯、措辞严谨有致的销售员更容易产生信任感。因为语言是思想的外衣，一个人是否沉稳，是否值得相信，是可以通过语言来发现的。所以，在销售的过程中，一定要使用妥当的销售语言，绝不用那些模棱两可的词，这样才能有效降低客户对产品的疑虑。

某纸制品厂的销售员去一家连锁餐厅的总部推销，因为使用一次性纸餐具是大势所趋，所以客户表现出极大的兴趣，双方沟通很愉快。但正当客户准备签约购买时，客户突然想起了一个问题，就随口问销售员："你们的这些纸盒能承受的食品的时间和纸杯能承受的食品的温度分别是多少？"

"听我们同事说，这种纸盒盛食物的时间应该不能超过12小时，时间太久可能会出现漏汤和漏油的现象。纸杯应该也只能盛不超过80摄氏度的饮料，不然可能会变软和破损。"

客户一听，马上改变了主意，对销售员说："不好意思，我觉得这次购买计划还是要和餐厅的负责人商议一下，有了答案我会通知你的。"

结果可想而知，这笔生意就这么泡汤了，那家餐厅并没有打电话给这位销售员。

这位销售员的推销经历再次向我们证明了一点：销售员在实际工作中若不多加注意自己的语言，往往会"祸从口出"。销售员在与客户沟通的过程中，只有向客户传达正面、积极、肯定的信息，才有可能让客户相信你，而案例中的这位销售员在回答客户问题时，却接连使用"听同事说""可能""应该"等模棱两可的词语，继而让原本对产品很感兴趣甚至决定购买的客户对产品产生了质量上的疑虑，最终放弃购买。

那么，作为销售员，你该如何在销售中修饰自己的语言，取得客户的信任呢？

（1）陈述简洁，不可啰唆。

简洁的语言最容易让人理解，也最有力，容易让人信任，所以语言简洁是对销售陈述的基本要求。在沟通时，销售员要想获得客户的信任，说话就不要啰唆，而应该尽可能在较短的时间内简单明了、干净利落地把比较重要的信息传达给客户。

（2）表述准确，说话要有条理、有重点。

销售员始终要记住与客户沟通的最终目的是达成购买协议，因此，在与客户沟通的时候，不要一味空谈。要知道，客户在面对你时，本来就抱着对待陌生人的态度，如果你说话总是进入不了主题，不仅耽误了双方的时间，还容易让客户产生不耐烦的情绪，导致交易失败。说话有重点，才会让人觉得你办事有效率，精明、干练，是值得信赖的对象。

当然，在沟通中，不同阶段的沟通重点是不一样的，销售员要根据具体情况把重要的信息分成几次陈述，这样才能保证客户正确理解陈述的内容。表述时，销售员要发音清晰，音量适中，用词尽量准确；另外，准确、中肯的表述还需要在说话时有条理。说话有条理才会让人觉得言之有物，有重点可言。有的销售员在说话时东拉西扯、颠三倒四，客户听了半天，仍觉得一头雾水，以致失去了对产品了解的兴趣。说话有条理和有重点是相辅相成、缺一不可的，只有有条理才能突出说话的重点，只有说重点才能让人觉得这人说话有条理。比如，销售员在介绍产品时，要在抓住重点后逐一分条列举，围绕某一点做出相关阐述，讲明白以后，再解说下一条，长此以往，客户在听你说话时就会觉得你说话有条理性，容易理解，能对产品本身有深刻的了解，从而实现销售成功。

（3）语言流畅。

语无伦次、前后矛盾、结结巴巴、吞吞吐吐是沟通的大忌，销售员一定要避免这种情况，掌握清晰、流利的说话技能，同时做到表述连贯、逻辑合理、前后衔接、原因结果叙述清楚。不然的话，客户不仅会轻视你，还会怀疑你说话的真实性。需要注意的是，语言流畅并不是要滔滔不绝地说个不停，那样只会带来负面作用。

以上几点是针对说话要中肯、稳当所做的一些简单分析，说话技巧是需要销售员慢慢练习的，在多次与客户的交流中要多学多用、随机应变、态度真诚，认真对待每一个客户，这样才能在销售这一行业里获得成功。

制造紧迫，唤醒客户购买欲

"曾经有份真挚的爱情摆在我的面前，但是我没有珍惜，等到失去的时候才后悔莫及，人世间最痛苦的事莫过于此……"

这句《大话西游》里的经典台词完美地阐释了稀缺效应。不管是对自己喜欢的东西还是重要的人物，这样的感觉大多数人都曾有过。当我们能够获得某种东西的机会越来越少时，其价值就会越发凸显出来，变得非常贵重。这种稀缺效应对人们在日常生活中的行为产生了全面而深刻的影响。

物以稀为贵，一旦物品短缺，人们的心里就产生一种紧迫感，不得不加快行动，不惜一切代价保留物品。假设你在沙漠中行走，水都喝完了，而天空中的太阳照射着毒辣的阳光，你现在饥渴难耐，整个人都快要晒冒烟了，简直是痛苦不堪。这个时候有人把自己丰富的饮用水卖给你，哪怕要价是 1 000 元一瓶，相信你也会买下来。因为那瓶水已经不再是普通的饮用水，而是一剂救命药，它的价值何止 1 000 元呢？

同样的道理，我们在销售时不仅要让客户发现问题，获知购买产品可获得的利益，还要让他联想到不购买产品将会导致的后果。我们需要给客户制造"困难"，困难程度越高，客户的解困需求越强，就会对产品越重视，产品的价值就越高，就像上面所说的水一样。在销售活动中，销售员对待犹豫不决的客户可以采用这种方法，营造出紧迫感，迫使客户做出妥协，决定购买产品。

刘丹是一名刚刚毕业的大学生，最近刚入职于一家公司做文员。她性格较沉稳，不是一个好冲动的人。可是，昨天她却花了1 500元钱在一家商场买了两件衣服。她刚参加工作，工资也很低，而且她平时还是一个很节俭的人，这是怎么回事呢？

那天是周日，刘丹休息，便去商场闲逛。在商场内溜达时，她突然听到一家服装店传来导购的声音："尊敬的新老客户，欢迎光临新百利佳服饰店，为了答谢新老客户对我店的支持，我店今日开展大酬宾活动，所有服装一律七折，一律七折。活动仅限今天，明天将会恢复原价。希望新老客户莫失良机。"

刘丹被吸引过去了。刚一进店，导购员就热情地向其打招呼："欢迎光临，美女，随便看看，看好了可以试穿一下。"

刘丹挑了一会儿，看中了两件服装：一件是时尚的连衣裙，另一件是套装。她试穿之后觉得正好合适，非常喜欢。而且这两件衣服都很好，风格不同，让她难以取舍。

导购员看出她的为难之处，对她说："美女，这两件衣服风格不同，但你穿上哪一件都很漂亮，美的风格也不同。不如都买了吧，今天正好是大酬宾活动，要是在平时都不打折的。刚才有个小姑娘还不如你漂亮呢，她一口气买了四件衣服。你这么漂亮，买两件也不难，别亏待了自己。"

刘丹一听，脸上开始发热，一时冲动就把两件衣服都买了下来。

制造紧迫感的策略主要有以下几种：

（1）在涨价之前购买。

产品的价格是不断变化的，销售员可以利用这一点来刺激客户进行交易。比如："这款车在月底就要涨价了，所以建议您今天就买下来。""本厂的西服原料纤维织物的价格即将上涨，所以我准备马上呈递您的西服订单，以便能够以低价发货，您看如何？"在利用这种方法时，一定要先确认产品确实即将涨价，不能搞价格欺诈。

（2）限时报价。

限时报价最常见的是限时促销，电视广告或者商场经常出现这种限时促销。比如零售商会说产品只在一个月内降价销售，客户要是错过的话，以后购买产品会贵很多。

这种情况下，很多客户会产生冲动消费。

（3）数量有限。

数量有限，客户往往会害怕买不到，所以会迅速做出决定，先买回家再说，不能让别人抢走了，这就是因为拥有这个产品的机会变少了，对客户来说其重要性就提高了。

比如："这款商品刚刚卖出一套，这恐怕是我们店里最后一套了，要是错过的话，需要等到一个月以后才能买到了。"

制造紧迫感是让客户冲动购物的法宝。通过设定时间或数量的限制，使客户在心理产生"可能会失去"的紧迫感，客户就会迅速采取措施避免损失，最好的办法也许就是立刻买下产品了。

一击即中，给客户非买不可的理由

商品之所以有价值，就是因为能够满足人们的各种需求。销售员其实就是为客户解决需求问题的人。很多销售员不懂得为客户解决需求，只是把销售当作赚钱的渠道，这从思想上就犯了致命的错误。可以回忆一下，很多广告是不是非常惹人厌烦？为什么呢？就是因为这些广告置人的需求痛点于不顾，不了解客户的需求是什么，只是一味地狂轰滥炸。

因此，销售员要锻炼自己抓住客户需求痛点的能力。所谓痛点，是指客户在生活中亟须解决而无法解决的问题。可想而知，一旦销售员能够为客户解决痛点，客户会迫不及待地购买产品解决自身遇到的问题，销售业绩自然不用愁。

韩春峰是一家乳业公司的推销员。现在他做推销已经非常熟练，多次获得销售冠军。回想一路走来的历程，他非常感慨。在刚开始入职的时候，他推销的方法不当，导致屡屡碰壁。

有一次，他去推销公司刚推出的一款新品牛奶。遇到一位正在走路的老大爷，也没仔细观察就上前说话："您好，我们推出了一款新牛奶，这款牛奶含钙高，保质期限长，您看您需要吗？"

这位老大爷连连摆手："不需要。"

他又说道："我们的牛奶非常好……"

老大爷不耐烦地说："再好跟我有什么关系呢？我从来不喝牛奶，身体照样很好。"

其实这一次的失败就是因为缺乏细致的观察，没有找到客户的需求痛点就贸然推销。他又回忆到第一次成功的经历。

那一次，他吸取了之前的教训，先观察了客户一段时间，发现客户确实缺钙。在看到客户慢慢爬楼梯时，他热情地上前说道："您当心点，看您挺累的啊，我扶着您上去吧。"

客户是一位老大妈，她笑着对韩春峰说："谢谢你啦，我老了，腿脚不好了。"

韩春峰安慰老大妈："瞧您说的，您还能再好好享几十年的福呢。人一上了年纪，身体就容易流失钙，所以您别忘了补钙。"

老大妈说："是啊，但吃钙片效果不怎么样啊！"

韩春峰趁机说道："补钙的方法有很多，喝牛奶的效果挺不错的，毕竟人吸收的营养大多数是从饮食中获得的。大妈，我们公司刚好推出一款新品牛奶，低脂高钙，您喝一喝试试怎么样？"

老大妈笑呵呵地说："听你这么说，看来挺好的，那我就买一些试试吧。"

案例中的韩春峰在第二次销售中就是准确地抓住了老大妈缺钙，从而导致腿脚不灵便的痛点，一下子就打动了客户，从而促成了交易。

周伟是一家生产工业洗涤剂的销售员。他的客户跨越很多行业，有医院、高等学校、宾馆、饭店、娱乐中心和其他一些大型企业。周伟在向一个大医院销售产品时遇到了困难。因为这家医院用的产品是一家知名企业的产品，而且医院对这个产品也很满意，双方客户关系很好，人际关系也不错。

刚开始的时候，无论周伟怎样介绍，医院都以对目前使用的产品很满意为由拒绝了。鉴于这种情况，周伟设计了一个演示方案。在下次拜访该医院的时候，他随身带了两块锡箔，他将这两块锡箔放在院长的办公桌上，然后在上面分别放了少许自己所销售的产品和该医院正在使用的产品，并滴上了几滴水。

过了一会儿，竞争厂家的产品开始冒泡，并很快将锡箔烧穿了一个洞，而滴上周伟所推荐的洗涤剂的那块锡箔却完好无损。这说明该医院正在使用的洗涤产品会严重地烧损医院的服装和洗涤设备。于是，周伟拿到了他想要的订单。

因此，要想说服客户，销售员首先要知道客户的需求，找到其"痛点"进行重点突破。一旦能够解决客户的"痛点"，也就找到了让客户不得不购买的理由。这便是由销售员的"我要卖"到客户的"我要买"的转变过程。这才是说服的关键所在。

　　客户的需求痛点是销售员走向销售成功的一把钥匙。只要能够找到客户的需求痛点，并提出解决问题的办法，客户就有了购买的理由，而销售员也就掌握了这把打开成功销售产品之门的钥匙。

巧妙激将，不买都不好意思

销售过程中，销售员都希望能一步到位解决所有问题，即客户不存在任何异议，对自己的工作表示理解，痛快地买下产品，对售后工作也表示支持等。但事实上，这只是自己的一厢情愿。事实多半是完全相反的，甚至在刚开始约访客户的时候便遭到客户习惯性的拒绝，无论怎样设法吸引客户的注意，他们似乎都不为所动。这种情况下，销售工作该怎样进行下去呢？

另一种情况是，当销售工作进入谈判僵持阶段，双方相持不下时，尽管销售员解决了所有的异议并反复劝说，但是客户仍然不为所动，似乎他们并不急着购买。面对这种情况，销售员又该怎么办呢？

当销售常规方法不起作用的时候，可以运用另一种方法来争取客户。这就是销售过程中常见的激将法。顾名思义，它是一种通过刺激客户促使客户情绪激动，从而产生兴趣或是购买行动的方法。

小李是一家打印机销售公司的销售员，他的客户——陈经理，是一个墨守成规的人。尽管他们办公室的打印机已经非常老旧、几近淘汰了，但是这位经理仍然不打算更换。小李多次和他电话联系，每次都针对那台老旧的打印机大做文章，试图促使对方尽快购买，但是每次都无济于事。

万般无奈下，小李决定上门劝说。来到陈经理的办公室后，看到那台陈旧难看的打印机，小李突发奇想，决定用激将法来刺激客户的骄傲心理，冲破客户的固有思维。于是他拍了拍那台打印机，感慨道："T型福特，T型的啊！"他的声音不大不小，刚好能让公司里所有的人听到。

"T型是什么意思？"陈经理有点尴尬。

"没什么，T型福特曾经是一款非常流行的汽车，但是现在它过时了，只是一个老古董。"小李说。

陈经理很尴尬，之后，在同小李的交谈当中，他一度陷入沉思。最后，当小李即将离开时，他主动提出想购买小李的激光打印机。

案例中，打印机销售员正是利用了激将法，让一个惯于墨守成规的客户产生了失衡的心理，从而让其主动提出购买打印机。可见，激将法是一种有效促进产品成交的方式。

激将法运用的原理是从人们的心理出发，因为人们都有害怕产生损失和威胁的心理。为此，销售员只要让客户明白轻易拒绝自己会让他产生巨大的损失，他们便容易采纳意见，以摆脱内心的不安和忧虑。无论是在电话沟通中还是在谈判当中，销售员都要审时度势，必要时巧妙运用激将法。

因此，在使用激将这一方法时，可以从以下两个方面阐述：

（1）产生损失。

人们购买产品不是为了满足自身的生产需要，就是为了带来利益。客户的某些利益是必须在购买产品后才会拥有的，而没有人会眼睁睁地看着自己蒙受损失而不为所动。当销售员告诉客户如果不购买产品就即将失去某些利益，甚至遭受某种损失的时候，客户往往会非常重视。为了避免利益的流失，他们会尽可能地挽回，所以，使用激将法后，客户一般都会向销售员敞开大门或是立即成交。例如：

销售员："这是我们厂最后一批 A 型号经典设备，我们现在生产的所有设备都采用了新的工艺和技术，像这样经典的老设备可就是最后一批了，而且价格如此优惠，如果贵厂不加快行动，指不定哪个厂家就买去了。"

（2）受到威胁。

人们都有害怕改变现在良好安稳状态的心理，所以，只要不存在某些既得利益方面的损失，人们往往是不为所动的。但从另一个角度考虑，还可以从另一方面来刺激他们，也就是告诉他们，他们的既得利益会受到威胁。在某些行业中，无论是安全隐患还是经济风险，都会使人们的利益受到潜在的威胁。销售员要做的就是告诉客户这种威胁不可不防，并不断暗示其这种威胁的存在，而这种威胁"只有我能帮你预防"。这样客户就会接受我们，最终同我们合作。例如：

销售员："酒吧和 KTV 是火灾安全隐患最严重的地方，而且这些地方经常都会发生打架斗殴等事情，必然会使贵公司遭到损失，所以我建议您了解一下我们这份保险业务。"

当然，除了经济利益或是人身利益受到威胁会引起客户重视，企业形象、客户个人的尊严等受到威胁和质疑时，也可能促使客户重视起来。

同样，激将法也适用于销售中"买与不买"的谈判阶段。想要让客户尽快做出决定，销售员可以告诉客户，如果他不购买，他将面临巨大的损失或是某种麻烦或问题。在客户的承受范围内，给客户制造一些压力，他们就会很快做出决定。

在运用激将法的时候，还应注意以下几个方面：

销售员在使用激将法提醒客户的时候，最好先掌握客户关注的焦点。从焦点入手，让他们了解拒绝可能会导致关注点的损失。销售员要主动出击，用最有效的方式走近客户，引起客户的注意。

凸显优势，打动客户的心

在我们介绍产品的过程中，客户免不了会有一些反馈意见。但有时候，我们会发现，客户总是觉得我们的产品不够好，这也正是让很多销售员头疼的问题。对此，销售员对客户的意见不能轻视，更不能心存芥蒂。因为俗话说得好，对你的销售没有意见或者不"嫌货"的人往往都不是真正的潜在客户，他们虽然不会挑剔产品的毛病，但是同时他们也不会对你的产品有多大兴趣。其实，客户嫌弃你的产品，是因为客户没有对同类产品的价格或者对同等价格的产品做过比较系统全面的了解，只要我们善于比较，自然能消除客户对价格的疑虑。

客户："听你这么说，我觉得你们的产品挺好的，但我还是觉得 M 公司的设备比较符合我们的要求，而且他们的价格比你们的要低得多……"

销售员："的确，他们公司的产品价格比较低，而且他们的设备也不错，但是我们的产品更适合贵公司。这是因为，首先，贵公司每年的维修费是一笔巨大的开支，产品的使用寿命是贵公司需要考虑的关键问题；其次，再加上贵公司的生产方式需要一种高性能、高效率的设备，且要考虑设备长久的资源利用率，我们公司的产品刚好可以与贵公司的旧设备共同作业。您觉得呢？"

客户："嗯，你说得也有道理。可是你们公司产品的价格与他们公司产品的价格相差甚远，而他们公司的设备质量也不错。"

销售员："他们的质量确实不错，这是一份产品故障调查报告，我们的设备故障率只有1.2%，不知道对方有没有这样一份故障调查报告。据我所知，他们的故障率一直都在5%左右。这样算下来，贵厂将会为此多付出几万元钱。"

案例中的销售员运用的就是比较法，让客户看出了产品的优势，综合考虑后的客户必然会做出正确的选择。

世界上没有完全相同的两片叶子，自然也没有完全相同的产品，这样就有了优劣之分。因此，在介绍产品的过程中，销售员运用比较法能突出产品的特点和优势，对于说服客户有很大的作用。

比较的方式有很多种，一般来说，有横向对比、纵向对比、同类产品对比、不同类产品对比等几种方法。而通常情况下，最常见的两种方式是向客户对比不同种类产品的优势，或者将竞争对手的产品与自己的产品进行对比。另外，我们除了对比产品的价格，还可以对比产品的性能、服务等，但无论运用哪种对比方法，对比产品的哪些方面，都是在传递同一个信息，那就是我方产品的优势。通过对比让客户找到最满意、最适合的产品，从而激发客户的购买欲。

总的来说，有以下几种对比：

（1）价格对比。

这种对比方法可以说是最常见的，是销售员用所推销的产品与同类产品进行比较，用较高的同类产品价格与所谈的产品价格做对比，从而让客户明显感觉出便宜的方法。很明显，在对比之下，所谈的产品价格显得低了些。但运用这一策略时，我们还需要注意以下几点：

①销售员手中至少要掌握一种较高价格的同类产品，当然，掌握得越多越好，这样才更有说服性。

②对自己的产品要有信心。

这就要求销售员在客户批评自己或者批评自己的产品时做到耐心倾听，相信自己的产品，等客户批评完之后，再予以解释，巧用价格比较。这也体现了一个销售员的修养问题。然而，很多销售员在介绍产品时，一听到客户抱怨产品，就按捺不住心中的火气，有的甚至和客户理论起来，这是万万不可行的。

③把握客户心理，让客户自己在内心做比较。

销售员在做价格对比的时候，最重要的还是要把握客户的心理。"对比出效益"，当我们就产品的价格进行对比之后，并不需要过多地做进一步的解释，而应让客户自己在内心做对比，并得出结论，这远比我们来告知他们妙得多！

（2）价值对比。

客户："我觉得你们的设备挺符合我们的要求，只是在质量方面我还是有点担心。"

销售员："这个您完全可以放心，国家质检部门已经做过多次检验了，我们所有设备的合格率是90%以上，而且这个型号的设备质量比其他的都好，它的合格率达到了95%，而其他公司的产品才85%。"

客户："是吗？"

销售员："是的，您看，这是产品相关的质量合格证、质检部门的检测报告……"

客户："是这样啊。"

销售员："目前这款设备已经在全国20多个城市销售了100多万台，重要的是直到现在我们仍然没有接到任何关于这款设备的退货要求。所以，您大可放心。"

这则案例中的销售员就是利用人们最关心产品质量的这一心理，将自己的产品与行业内的其他产品进行对比，使客户消除了对产品质量的疑虑。

　　总之，介绍产品的过程中，在客户有购买需求的前提下，只要巧用对比，让客户感觉到物有所值，客户是一定会购买的。

施加压力，逼迫成交

不管什么商品，也不管你的价格定为多少，客户都会有一种砍价的习惯。面对这种客户，你就要学会适时地"威胁"他们，制造心理压力，这样你才能使客户下决定签单。

"威胁"客户——制造心理压力不是真的逼迫他们购买商品，实际上是利用心理学上的技巧让客户感觉到一种无形的压力。销售员在销售商品时，可以尽量使客户产生紧张和惊慌的感觉，这种压力是源于自己的内心，他们不会感觉是来自销售员的。在他们不知所措时，然后进行销售，这时销售的效率和效果都将大大提高。

张力在一个家具城做了几年的销售，遇到过形形色色的客户。有一次，他遇到了一位和他一样姓张的客户，是一家企业的老板。因为新迁了厂址，办公室里需要几套高档的桌椅，这个张老板对这类用品的要求很高，所以亲自来选。

张力带张老板来到会客室，商谈有关事宜。张力事先已经知道，这位张老板已经来过展厅几次，却始终没有找到各方面都中意的产品。从形象上观察，张老板文质彬彬，有一种儒商的气质。张力判断，这位张老板不会轻易下单。果然如此，在价格上，张老板连连杀价，毫不口软。面对这样强势的客户，张力自然也是针锋相对，毫不让步。最后，张力妥协，把价格降至最底线，这个张老板还是不松口，两人沉默了数分钟之久，谁也不作声。因为都知道，先开口者必死，所以谁都不敢随意开口。

可是，这么僵着也不是办法。张力大脑迅速旋转，突然站了起来，端起水杯，对张老板说："您请喝茶！"

张老板看到张力先开口，正在暗中窃喜，却没料到是"喝茶"这两个字。他本人是一个儒商，哪能不明白对方的意思，明摆着是逐客吗！本以为胜券在握的张老板顿时乱了方寸，他脸上一红，连连说："好说，好说。"坐下来，继续谈。最后，张力又小做让步，终于顺利地拿到了订单。

张力这一招，可谓是一步险棋。他之所以赢得了这次谈判，是因为他对客户有着准确的判断。这个张老板多次来展厅看样品，而且是亲自谈判，说明他对本厂的家具很有兴趣；另外，张老板已经有了购买的意愿，却又想在价格上压价，这时张力的"端茶送客"，让他的心中压力顿生，彻底陷入了被动之中。

对客户施加压力，并不是说要用语言或动作逼着客户购买你的产品，而是想方设法在思想上给他制造压力。这种压力来自他们自身，而不是来自销售员。

在客户摇摆不定时，销售员可以暗示他说"机会难得"，来给他造成心理上的压力。例如："这是最后一台，下次来货就要等到三个月以后。"这就等于是告诉客户说，你买不买？不买就没有了。又如"本公司下月初将大幅度提高产品售价，离现在只有两天时间了，所以我建议您今天就做出决定"。再如，负责复印机销售的销售员会通知他的客户，公司对复印机的特价优惠日期截止到本周末。这样，客户会觉得如果不把握住这个机会，将会造成极大的遗憾，紧迫感也就因此而产生了。紧迫感一旦产生，客户就自然而然地要做出购买的决定。

给客户施加压力，有时可以把矛盾抛给他，让他自己解决。在客户犹豫不决的时候，你可以说："我们的产品能为您的企业带来丰厚的利润，我相信您是一个明智的人，能够做出明智的决定。"这句话的言外之意就是，如果想让自己的公司获得利润的话，那就赶快购买我们的产品吧！"这个价格对您这样的老板来说，简直是九牛一毛，您不会在乎这点钱的。"这句话的意思是，如果你不买，就是承认自己没钱。

在这种语言环境之下，很多客户都会产生一定的心理压力，无论是为自己公司的利益考虑，还是为了顾全自己的面子，大部分客户都会做出购买的决定。

巧妙地向客户施加压力，是促成销售成功的一个重要技巧。

使用推销施压，关键是销售员应该审时度势，努力做到让客户从你身上看到一种信心，并感到安慰。这种技巧的掌握，是与销售员的反应灵敏度有很大关系的，销售员只有在实践中才能不断提高自己的技巧。